學誠

学诚法师
文集系列

02

和合与愿景

学诚法师 著

国际文化出版公司

·北京·

图书在版编目（CIP）数据

和合与愿景/学诚法师著．—北京：国际文化出版公司，2015.1
（学诚法师文集系列）
ISBN 978-7-5125-0751-7

I．①和… II．①学… III．①佛教—宗教社会学—文集
IV．① B948-53

中国版本图书馆 CIP 数据核字（2015）第 017920 号

和合与愿景

作　　者	学诚法师
责任编辑	潘建农
统筹监制	葛宏峰　李　莉
策划编辑	李　莉
特约编辑	王梦豪
美术编辑	秦　宇
出版发行	国际文化出版公司
经　　销	国文润华文化传媒（北京）有限责任公司
印　　刷	三河市华晨印务有限公司
开　　本	880 毫米 ×1230 毫米　　　32 开
	7.5 印张　　　120 千字
版　　次	2015 年 3 月第 1 版
	2015 年 3 月第 1 次印刷
书　　号	ISBN 978-7-5125-0751-7
定　　价	32.00 元

国际文化出版公司
北京朝阳区东土城路乙 9 号　　邮编：100013
总编室：（010）64271551　　传真：（010）64271578
销售热线：（010）64271187
传真：（010）64271187-800
E-mail：icpc@95777.sina.net
http://www.sinoread.com

法学
师诚

文集系列

目

录

目

录

| 章前语

　　世界和平是以人类的心地和平为基础，是一个止恶、行善、净心的漫长过程。一个佛教徒奉行五戒、十善业道，即是促进人类和平的根本。

　　佛教的缘起论透露给我们一个重要的信息：一切有情息息相关，任何个体要想追求自己的幸福和快乐，都不可能与其他有情割裂开来，都必须在和谐世界的基础上才能获得。

　　如何才能使不同文明共存和发展？归根结底在于"和"。这就是国与国之间的和平，人与人之间的和睦，人与自然之间的和谐。

　　和谐的前提是肯定事物的差异性，凸显不同事物的个性，即中国古代圣贤主张的"和而不同"。

　　中国古人已深刻地理解到：不同事物、不同因素、不同成分之间，乃至相反方面的相互依存、相互推动、相济相成，这种和谐才能使万事万物充满生机、走向成熟。

世界种种和谐或不和谐现象的产生……人内心的思想观念是关键。消除个人、种族、民族内心深处的不和谐思想，是化解各种不和谐现象而达致和谐的关键。人类不和谐的思想根源中，二元对立的思想观念是重要的一环。

在多元和合思想的视野和目标中，所有元素之间的关系都能超越表面、局部、短暂的对立，而在根本上、总体上，长久地达成互助、平等、共生等关系。

佛教不坏世间而度化众生，其关键在于慈悲施度，转无明为智慧。心念一转，则自他相异转成自他相依，争执冲突转成和合共生。

文化多样性之于人类社会，就如同生物多样性之于自然界一样，是一种客观现实。只有尊重文化的多样性，才能使人类文明得以发展。

佛教的和平观 ①

一、从释迦世尊正觉缘起谈世界和平

世间一切事物的存在、发展到消亡，都是因缘条件组合、安住与分离的过程。从时间上看，是因果序列、前后相续的必然性；从空间上看，即表现为彼此相即不离、对立统一的因待性；从存在于时空的运动来看，即是刹那不住、无常变异的空寂性。这是佛陀观察宇宙人生所得出的结论。"此有故彼有，此生故彼生"（《杂阿含经》卷第十），说明了世间相待而存在的法则。若遵循佛陀揭示的因果法则来理解人类的相依共存，就可以发现世界和平与生活在地球上的每一个生命个体、家庭、民

族、社会、国家有着密切的关系。只有尊重生命的平等性、神圣性与不可侵犯性，以慈悲、智慧、宽容的胸襟，化干戈、怨恨、戾气为玉帛、慈爱、祥和，才能维护人类社会的和平环境，在发展中努力建设无诤无瞋、自他相依、和谐共处、互惠互利的地球共同体。

两千五百多年前的释迦世尊，舍弃了王者的权位、勘破家庭私有制的染著而出家。从解脱自我的束缚中，自觉觉他，自悯悯人，将自己的痛苦与众生的痛苦打成一片，终于在深彻的慧照中，正觉缘起法性而成佛。《增一阿含经·力品》中释尊曾说："为家忘一人，为村忘一家，为国忘一村，为身忘世间。"（卷第三十一）这"为身忘世"不是逃避现实，而是忘却我所有的世间，勘破自我，不从自我的立场看世间，才能真正理解世间，促进世间的和乐善生。

释尊为国际非战主义者，是倡导世界和平的使者。据《长阿含经·游行经》记载：摩竭陀国阿阇世王准备讨伐邻国跋祇族，派遣雨势大臣拜访佛陀，佛陀借此机缘说服并阻止了这场战争。一次，释迦族同邻族克萨喇人因使用灌田的沟渠引起争执，相持不下，几乎酿成灾祸。佛陀得知此事后，即刻前往劝阻，解决了争端，使两族和睦相处。当琉璃王发动战争攻打迦毗罗卫国的时候，释尊曾安详地坐在一株没有枝叶覆蔽的舍夷树下，以他大慈无畏的精神感动了琉璃王，从而化解了一场残酷的杀戮。"战胜增怨敌，败苦卧不安，胜败二俱舍，卧觉寂静乐。"（卷第四十六）这是佛陀热爱和平、反对战争的圣训。

二、当今世界的全球一体与恐怖主义

人类闯入 21 世纪的网络时代，世界忽然变得小了起来。科学技术的突飞猛进，使得人类克隆自己成为可能。不满足生活在地球上的人们，开始奢想着把家安到外太空去。就连南极的企鹅，也可从基因的被转化而改变它们的生存环境。由此，科学家们深信自己的发明创造能为人类带来幸福安乐，大多数人也常常错误地认为依靠自然科学的进步能够解决世间的一切问题。

事实上，恐怖主义、霸权主义正在利用现代科技，威胁着人类的生存与发展。汽车炸弹爆炸、自杀性爆炸、纽约世贸中心大楼被炸，以及生物化学武器、核武器等尖端技术的泛滥，必将给人类留下深重的灾难。

随着世界经济的一体化，使得国际社会息息相关，越来越多的国家加入到 WTO 的游戏规则之中，竞争日趋激烈。瞬息

万变的经济指数，在红与绿的升降中风起云涌，痛苦与惘然交织在一起，汇集成现代人类的新版《长恨歌》。贪欲的炽盛，瞋恚的恶毒，愚痴的陷阱，是根源于人类自身的痼疾。经济的悬殊，思想的差异，文化的胜劣，构筑起一道道富足与贫穷、开放与保守、先进与落后的社会鸿沟。发达国家和地区，凭借着自己的优势，把触角伸向世界各地，攫取与掠夺资源，同时把环境污染、森林破坏、能源枯竭等灾害，转嫁给贫困国家，使那里的人民生活雪上加霜。这种不公平、不合理的国际经济秩序，是整个世界动乱不安的根本因素。

世界是一个不能分割的整体，部分的过度发达，必将导致重心的偏移。人类内心的嫉妒、怨恨、骄慢等烦恼，从未有止息过的一天。所以在这缘起相待的世界里，只有各方面均衡地发展，使人类在同存共荣、相互依赖、慈悲平等的生活环境中，从内心的净化开始，真正做到"诸恶莫作，众善奉行"，才能开创人类美好的未来。

三、佛教和平观在今日世界的作用与价值

今日世界是一个文化多元、结构多变、形式多样的缘生体。在和平的环境中谋求人类共同发展，是 21 世纪国际社会普遍

关注的主题。佛教能否一如既往地为世界和平而努力，为人类的和乐善生而奉献，关键在于把握时代发展的方向与脉搏。从缘起论的核心思想"诸法无我"中，契应人类社会发展的需要，积极地开展契理契机的人间佛教，倡导慈悲仁爱、戒杀止暴、净心行善的人类德行，才能化解人类的思想矛盾、斗争冲突、恐怖暴力等行径，实现人类永久的和平与人间净土的圆成。

从佛教缘起论的思想立场来观察世界：和平与战争、恩情与怨仇、善良与暴恶皆源于人心。《说无垢称经·声闻品》云："心杂染故，有情杂染；心清净故，有情清净。"（卷第二）由此可知，净化人心，提升人的品质，实为世界和平的活水源头。人类无始以来，内心即为贪欲、瞋恚、愚痴、憍慢、狐疑、恶见等蒙蔽，对财物、美色、名闻、权势、地位等产生强烈的自我归属感与无尽的占有欲。《中阿含经》说："以欲为本故，母共子诤，子共母诤，父子、兄弟、姊妹、亲族展转共诤……以欲为本故，王王共诤……民民共诤，国国共诤。彼因斗诤共相憎故，以种种器仗，转相加害，或以拳叉石掷，或以杖打刀斫。"（卷第二十五）这种家族、社会、国际间的争斗，自古以来就在人类世界重复上演，酿造了多少惨祸、屠戮、战争。今日世界的矛盾、对抗、冲突以欲为本故，已转化成航空母舰、洲际导弹等足以毁灭整个地球的高科技武器。总之，古今事本同，只要人类的欲望得不到遏制，内心得不到净化，世界就没有真正的和平。

"勤修戒定慧，息灭贪瞋痴"，这是佛陀对弟子们的教导。"戒"是人类道德伦理的规范，"定"是调剂身心平衡的方法，"慧"是明辨是非邪正的能力。只有提倡道德、净化人心、增进智慧，才能转化瞋恚、忿怒、敌视、仇恨、怨结、残酷等迷妄的心行为正觉的德行。戒定慧三无漏学是佛法的总纲，是转迷成悟的根本。戒能防非止恶，定能降伏散乱，慧能照破痴暗。因此佛教是今日人类世界根除三毒所必须的一剂良药，是维护和平、缓和冲突、化解暴力、制止战争的积极因素。

四、如何落实佛教的和平观于今日世界

人人渴望和平，世界需要和平，但和平并不是从空洞的愿望中得来，也不是从消极的等待中得来，更不是从赔款割地中换来，缺乏理智的和平，反而会招致更为野蛮的战争。真正的和平应以慈悲、智慧、平等、无我为核心和出发点，面对经济全球化的浪潮，不倚强凌弱、以大欺小；面对时时发生的纷争与冲突，不应因情绪高涨而以武力对抗制造祸端，而应通过对话代替对抗、交流代替冲突的方式，维护世界的和平。

　　和平是由善良、道德、真诚、仁爱等无数个健康的、积极的、向上的条件和因素构成的。所以，缔造和平不是一个人、一个家庭、一个民族、一个社会、一个国家、一种宗教信仰的事情，而是全世界、全人类的共同事业。但是，我们绝不能把和平的责任推卸给他人，而去等待将来或寄希望于和平女神的安排。一切都要靠我们人类自己，从身边的善事做起，用善行感化他人，哪怕是一句关心的话语、一分微薄的施舍、一次意外的救助、一件谦让的小事、一点爱心的支持……都会凝聚成一条通向和平的阳光大道。

　　世界和平是以人类的心地和平为基础，是一个止恶、行善、净心的漫长过程。一个佛教徒奉行五戒、十善业道，即是促进人类和平的根本。尊重生命个体的神圣性、平等性，不杀生是第一大戒。珍爱每一个有情生命，包括人类自己以及其他飞禽、走兽、游鱼等动物，在生态平衡的链条中，人与动物是一个不断轮回的过程。从因果法则的整体来看，杀心不除是世界无法和平的要素。有一首戒杀诗说："千百年来碗里羹，冤深似海恨难平；欲知世上刀兵劫，但听屠门夜半声。"（愿云禅师）这就是说杀生是战争的因行，只有坚持不杀生，世界才能得到和平。但不杀生决非消极的"不"。譬如有一恶人将要进行恐怖主义活动，使无数有情因此遭受苦迫，如不惩罚这个恶人，无量有情会遭受更大惨祸，那么这个恶人势必咎由自取，他的恶行即应得到制止。偷盗、邪淫、妄语、绮语、两舌、恶口等不正行，使世间混乱不安、诤讼不断；饮酒则能迷心乱性，引发烦恼，造成杀、盗、淫、妄的恶行。所以，五戒是人类和平的基础。

五、内外因缘的净化铸就人类永久和平

古往今来，人类社会一直在聚散离合、忧悲苦恼的流转中徘徊。财富的积聚与消散、名利的角逐与失落、民族的兴旺与衰败、社会的文明与愚昧、国家的和平与战争，这一切都在缘起相对的世界中发生、发展以致消亡。检索人类历史，就会发现世界是苦聚的集合，而这种"苦"是依着人类本身而存在的。在生理方面，人生有生、老、病、死的痛苦；在社会方面，有政治纠纷、社会动乱和战争破坏造成的"爱别离"与"怨憎会"的痛苦；在自然方面，有风雨失时、旱涝频仍、谷物不丰等导致的"求不得"苦。佛陀把世间的一切大苦归结为"五蕴炽盛苦"。

色、受、想、行、识构成有情生命的自体。在这精神与物

质的统一体中，人类直觉认为有个真实的自我。于是，一切以自我为中心，以我所有为半径，勾勒出一幅似乎真实不虚的我相。我见、我爱、我慢、我痴此四大根本烦恼，是世界动乱的根源。由于人类固有的成见、偏见、倒见、邪见等自我意识作祟，自是非他，聚讼纷纭，论诤不休。物质的欲爱、男女的贪爱等使人类自身陷入欲望的深渊，不能自拔。仗着自己的权势、财富、知识、智能等超过别人，而恃己凌他、藐视一切、傲慢无礼、狂妄自大。这见、爱、慢烦恼的深隐处，是人类自我意欲的蒙昧、颠倒、错乱，是人人都直觉有我的痴病。世界正是因为有我，人类才不得安宁。因此我们说：人类最大的敌人就是自己。

人类虽有着自身的缺陷和根本烦恼的迷乱，但并非无药可救，佛陀给世界和平开出了良方。并且呼吁在政治体制上建立一个和平、民主、文明的良好社会秩序；在经济建设和科学技术等领域，保持财利的均衡、发展的同步、素质的提高；在法制教育等思想领域里一律平等。政治、经济、法制三大体系的平等性、无碍性、统一性，是人类和平的基本条件。若更进一步地寻求最极究竟的和平，那一定得从净化自心、净化众生、净化世界中完成。《般若波罗蜜多心经》告诉我们"照见五蕴皆空，度一切苦厄"，"依般若波罗蜜多故，心无挂碍，无挂碍故，无有恐怖，远离颠倒梦想，究竟涅槃"。涅槃是止、息、寂灭、安稳的意思，究竟涅槃是心地最极清净、最极和平的境界，一切的烦恼、瞋慢、贪欲、执见等皆消归于平等的法性之中，从而实现世界的永久和平。

佛教与和谐世界 ^①

　　尊敬的各位专家学者、各位同仁：

　　能够有因缘同各位学界精英相聚于这座历史悠久、英才辈出，以追求真理、鼓励自由创新为职志的高等学府，我感到十分高兴。一百多年来，北京大学培养了大批优秀人才，为国家的发展和社会的进步做出了重大贡献。今天，北京大学与哥伦比亚大学联合主办的这次"佛教与和谐世界"国际学术研讨会，对于推动佛教学术研究及国际文化交流、拓展"和谐世界"的理念及其实践都有非常积极的意义。在此，我谨代表中国佛教协会对会议的顺利召开表示热烈的祝贺。

　　社会的和谐与美好，是人类的共同追求。经济全球化把地

①　本文为 2006 年 11 月 24 日，学诚法师在"佛教与和谐世界"（北京）国际学术研讨会上的致词。

球上不同国家、不同民族、不同文明、不同社会制度、不同宗教信仰的人们更加紧密地联系在一起，而生态危机、资源短缺、能源枯竭、贫富分化、恐怖威胁又是世界人类所必须共同面对、协同应对，和谐与共、和睦相处已经成为人类文明存在与发展的必然要求，同时又是世界人类消除灾难、化解危机、摆脱困境、共享繁荣进步的唯一选择。如何认识发掘世界各大文明中蕴含的"和谐"智慧，并以这种伟大智慧指导人类世界的行为，就因此具有了巨大的现实意义和深远的历史意义。

佛陀主张以慈悲、智慧、平等、包容的精神处理人与人、人与自然、团体与团体、国家与国家之间的关系。慈悲就是彻底革除自私狭隘的自我中心主义、人类中心主义、单边主义、霸权主义，一举一动都要关注到对其他众生苦乐的影响；智慧就是要认识到自然宇宙和人类社会变化的缘起性，消除不同人群内心所坚固执著的各种成见、偏见及由此引发的种种冲突、纷争；平等是尊重有情生命的生存权利和发展权利，透过差别各殊的自相而了达万物平等的共相，找到各种文明、各个国家共同发展、共同繁荣的基础；包容是理解、接纳乃至欣赏与自己不同的文明体系、思维模式、风俗习惯等等。只有真正以佛法的慈悲之心为出发点去面对国家与国家、民族与民族之间的不同利益，在发生矛盾冲突之时多站在对方立场上去想一想，学习佛法六度四摄的善巧方便去解决不同利益群体之间的矛盾，真正尊重不同的个人、民族、国家的相对独立的生存权利和需要，理解、接纳、包容不同个体、团体、组织之间生存发展的历史性、区域性、多元性、差异性，才能化解冲突、战争等种种的不和谐，推进不同个体乃至社会整体的繁荣发展。和谐的前提是肯定事物的差异性，凸显不同事物的个性，即中国古代圣贤主张的"和而不同"。

我们要充分认识不同国家、不同民族、不同宗教、不同文化之间的差异。对于彼此的信仰、文化体系及价值观的选择，要互相尊重、互相交流、互相借鉴、互相包容。

今年4月，在我国浙江成功举办了首届世界佛教论坛。论坛倡议"和谐世界，从心开始"，达成了"愿人心和善、家庭和乐、人际和顺、社会和睦、文明和谐、世界和平"的共识。我相信，在世界人类的共同努力下，"从心开始"的"和谐世界"将会在"和善、和顺、和睦、和谐、和平"中，不断共生发展。

最后，衷心祝愿本次会议能够成为探讨佛教和谐社会、研究世界和谐理念的一次成功盛会，并预祝会议圆满成功！谢谢大家！

和谐世界　从心开始 ^①

　　当代人类面临着极其深刻而全面的危机，陷入十分深重而难返的困境。如何化解这场危机，走出这个困境，是摆在全人类面前的一个非常严峻而又迫在眉睫的重大问题。世界各大文明、各国政府和人民以及各大传统宗教必须联合起来，凝聚全人类的智慧和力量，共同面对，共同承担，共同思索，共同解决这个重大问题。能否切实有效地解决好这个问题不仅关系到人类已有文明成果的存续与发展，而且直接关系到人类社会的生死存亡。

　　这个巨大的危机，这个空前的困境，源于世界的不和谐。

---

① 　本文为 2006 年 4 月 14 日，学诚法师在首届世界佛教（杭州）论坛上的发言。

人类对大自然无限度的征服、掠夺，导致了人与自然的极度疏离，造成了极其严重的生态危机，使人与自然的和谐遭到无情的破坏；人类之间（包括国家之间、种族之间、宗教之间、阶层之间、社团之间、个人之间、群体与群体之间）的隔阂、冷漠、猜疑、缺信、歧视、敌对，乃至贫富分化、宗教冲突、种族屠杀、恐怖袭击、战争频发，等等，引发了人类无穷的灾难，带给了人类无尽的痛苦，戕灭了多少无辜的生灵，摧毁了无数幸福的家庭。正是基于对世界人类不和谐状况及其带来的不幸后果的深重忧患和深切关注，中国政府和人民在力求于国内构建"和谐社会"的同时，亦秉承中国传统文化"己欲立而立人，己欲达而达人"的博爱精神，向世界各国政府和人民发出构建"和谐世界"的热切呼吁。2005 年 9 月 15 日，时任中国国家主席胡锦涛在联合国成立 60 周年首脑会议上发表了重要讲话，全面阐述了中国政府和人民维护世界和平、促进共同发展的外交纲领，倡议世界各国政府和人民为构建一个持久和平、共同繁荣的和谐世界而共同努力。[①] 这一充分体现中华文明精神精

---

① 2005 年 9 月 15 日，联合国成立 60 周年首脑会议在美国纽约举行第二次全体会议，时任国家主席胡锦涛出席会议，并发表了题为《努力建设持久和平、共同繁荣的和谐世界》的讲话。

髓和至高境界，充满了推己及人、爱人如己的博爱情怀和思想智慧的呼吁，得到了世界各国政府和人民的广泛赞誉和积极响应，展示了中国作为国际社会中一个负责任大国的广阔胸襟和不凡气度，它是构建"和谐社会"理念的自然延伸，也是中国人民（包括中国各民族佛教徒）对世界人类前途命运共同体认的智慧结晶。这里，我想谈谈自己对这一问题的理解和思考。

一、人类原始的贪欲借助科学技术的力量无限膨胀，消费主义由此兴起并迅速风靡全球，两相激荡，愈演愈烈，大自然于是成为人类为了满足贪婪欲望而疯狂掠夺、无尽榨取而后又弃如敝屣的对象。今天，人类的贪欲和破坏大自然的能力都达到了空前的地步，大大超过了大自然的承受阈限，导致了地球生态系统的严重失衡，而这种失衡的代价便是牺牲生态系统中的部分甚至大部分生命，最终危及人类自身的生存。这样，人类与大自然的不和谐和对抗被人类自身推向了极端。

那么，人类为什么会走到使自己与大自然处于如此严峻的对抗与疏离的地步？又究竟为什么会采取逃避责任、转移污染、以邻为壑这样饮鸩止渴式的恶劣行径呢？究竟是怎样的观念促使人类在摧毁整个地球生命维持系统、破坏人与大自然的和谐相处，并把自己推向生存绝境的危险旅程中继续高歌猛进、肆意妄为，而不是幡然省悟，改弦易辙，寻找一条人与自然和谐相处的光明大道，从而优化自己的生命存在，提升自己的生命品质，丰富自己的生命价值？

扪心自问，我们不难发现，人类中心主义和个人中心主义的价值观，正是破坏人与自然和谐关系的价值根源。尽管对人类中心主义的界定众说纷纭，对其划分也五花八门，如诺顿的强人类中心主义与弱人类中心主义之分，墨迪的前达尔文式的人类中心主义、达尔文式的人类中心主义、现代的人类中心主义之分，但都认为人类中心主义把人视为大自然的主宰，可以任意宰制、随意征服，因此人类中心主义被视为造成人与自然紧张的价值源头。人类中心主义从某种层面上可以视为个人中心主义的扩张、泛化，个人中心主义也可以视为人类中心主义在个体身上的体现与显示。寻求代际公正，实现人与自然的和谐共处，必须剔除个人中心主义和人类中心主义的价值观。因为"个人中心主义和人类中心主义的道德价值观，无暇顾及代际公正，而把物质享受、感官满足作为人生最大的价值。这种价值观无疑进一步鼓动人类对大自然的掠夺，加剧了生态危机，扩大了代际的不公正"（叶

青春 [①]，2005）。个人中心主义和人类中心主义的价值观还会破坏人与人之间的和谐。

二、人类原始的贪欲借助国际格局中的不合理因素和各国家内部分配体制的不完善使贫富分化日趋严重，囿于自己国家、民族（种族）、宗教（教派）、文明（价值体系）的利益和观念的我执我见，使霸权主义和强权政治横行肆虐，宗教（教派）冲突有增无减，战争灾难持续不断，恐怖袭击此起彼伏，整个人类世界呈现出混乱、紧张、不和谐的状态。

首先，西方发达国家利用其强大的经济实力和强劲的科技优势，利用其在不合理的国际政治经济秩序中的特殊地位，在全球化的进程中独占鳌头，制定规则，尽享益处，而众多不发达国家，处于全球边缘地带的人民却受惠极少，贫富分化迅速加剧，全球公正面临空前挑战，这又构成了恐怖主义滋生的肥沃土壤和结构性根源。

其次，战争作为世界人类最不和谐的体现和结果，连绵不断给世界人类和地球生态系统带来无法估量的灾难和损失。

---

① 叶青春，毕业于福建师范大学，现任职于莆田学院，教授职称，教授《思想道德和法律基础》、《中国近现代史》等公共科目，同时在莆田广化寺讲授佛学。

资料表明：从公元前 3200 年到 1964 年的 5164 年中，世界上共发生了 14513 次战争，平均每年 3 次，因战争死亡的人数达 36.4 亿。现代战争借助高科技力量，其对生命的杀伤力和对大自然的破坏力更具毁灭性。1945 年，美军在日本投下两枚原子弹，致使 10 多万人死亡，8 万多人受伤，45 万人因核辐射致病。越南战争期间，美军使用化学毒剂，使占越南全部森林面积 44% 的热带雨林变成不毛之地，当地居民患绝症的人呈 10 倍地增加。海湾战争期间，美军发射贫铀弹 95.4 万枚，受污染地区居民白血病和恶性肿瘤发病率比全国平均水平高 3.6 倍，伊拉克南部地区癌症发病率增加 6 倍，儿童癌症死亡率由战前的 2.3% 增加到 16.6%。（孙家驹，2005 年）2003 年美国发动的伊拉克战争，估计造成 10 万伊拉克人死亡，其中大多数是妇女和儿童。（奥伦·多雷尔，2005 年）今天，美国年军费开支已攀升到接近 5000 亿美元，超出世界其他所有国家军费预算的总和，人均达 1700 多美元，超出当今发展中国家人均国内生产总值的 2 倍。（孙家驹，2005 年）这些事实难道不值得我们深思：世界不和谐，根源到底在哪里？为什么有的发达国家拒绝干预像卢旺达种族灭绝这样惨绝人寰的危机事件呢？为什么国际社会无法制止一场又一场本可避免的战争和杀戮呢？

今天信息化时代的来临带给人类的不全是福音，新的全球贫富差距即日益扩大的"数字鸿沟"随之产生。目前，全球收入最高国家中的 1/5 人口拥有全球生产总值的 86% 和国际互联网用户数的 93%，而收入最低的 1/2 人口只拥有全球生产总值的 1%，富国和穷国国际互联网用户数量分布的差距比其人均收入差距的悬殊程度还要严重，反映了全球信息资源和知识资源分布的严重不平等。（胡鞍钢等，2002 年）"数字鸿沟"作为"经济鸿沟"的必然结果，不可避免地反过来进一步扩大"经济鸿沟"，构建和谐世界迫在眉睫而又任重道远。在全球化进程不断加快的今天，我们应该携手并肩共同承担起历史的责任！

三、中华文明视角中的和谐世界以及作为中国传统文化主干之一的佛教对构建和谐世界的理论贡献。

早在两千多年前，作为儒家经典的《礼记·礼运篇》就描述了中国人心中理想的和谐世界的图景："大道之行也，天下为公，选贤与能，讲信修睦。故人不独亲其亲，不独子其子，使老有所终，壮有所用，幼有所长，矜寡孤独废疾者，皆有所养。男有分，女有归。货恶其弃于地也，不必藏于己；力恶其不出于身也，不必为己。是故谋闭而不兴，盗窃乱贼而不作，故外户而不闭，是谓大同。"在大同世界里，没有贫富之分，没有人我之别，人们和睦相处，人类充满安宁。作为一种哲学思想，中国传统文明中的"和谐"理念是建立在充分理解和认同事物存在的多样性和差异性的基础上的"以他平他"，而不是否认事物存在的丰富性、异质性，强求由同一事物、因素、成分简单重复、相加、堆砌的"以同裨同"。《左传·昭公二十年》记载了齐侯和晏子对话，把同与和进行了区别："公曰：'和与同异乎？'对曰：'异！和如羹焉，水火醯醢盐梅以烹鱼肉，燀之以薪。宰夫和之，齐之以味，济其不及，以泄其过……若以水济水，谁能食之？若琴瑟之专壹，谁能听之？同之不可也如是。'"由此可见，"和"指不同事物的统一和谐，"同"指相同事物的简单相加或绝对同一。晏子还由日常生活观察所得的经验引申到政治生活中，认为政治生活中君臣关系也有"尚和去同"的需要，"君所谓可，而有否焉，臣献其否，以成其可；君所谓否，而有可焉，臣献其可，以去其否"。更可贵的是，中国古人已深刻地理解到：不同事物、不同因素、不同成分之间，乃至相反方面的相互依存、相互推动、相济相成，这种和谐才能使万事万物充满生机、走向成熟。如果相同事物、相同因素、相同成分的简单重复，单一相加，则必然导致事物发展动力的枯竭，从而走向停滞，导致失败。

《国语·郑语》中说："夫和实生物，同则不继。以它平它谓之和，故能丰长而物生之；若以同裨同，尽乃弃矣……声一无听，物一无文，味一无果，物一不讲。"这就是说，只有不同事物的和谐才能生成万物，如果只是同一，就不能发展延续。"和"是指不同事物之间的相济相成，能使事物蓬勃生长趋向成熟；"同"是指相同事物的堆积，它最终使自己走向毁灭。就像一种声响构不成音乐，没有听的价值；一种颜色不成文采，没有看的价值；一种味道不成美食，没有吃的价值；一种事物没有比较，无法品评。因此多种因素之间的统一和谐，才能构成发展的生机和存在的价值。"和而不同"的哲学理念成为儒家重要的伦理原则，所谓"君子和而不同，小人同而不和"（《论语·子路》）。"和"在伦理学上便是坚持原则，承认差异，是在坚持原则的基础上统一和谐，不是放弃原则，抹平差异的"同"，如果这样就成了"同流合污"、"随波逐流"，因此《中庸》强调："故君子和而不流，强哉矫！"（《中庸》第十章）。《中庸》曰："喜怒哀乐之未发，谓之中，发而皆中节，谓之和，中也者，天下之大本也；和也者，天下之达道也。致中和，天地位焉，万物育焉"（《中庸》第一章），指出中和的根本意义和重要价值。

"和谐，源自中华文化的'和'的观念，略有三个义项：和睦协调；配合得匀称、适当；和解、和好相处。"（孟晓驷，2006年）实际上，中国人正是以"和谐"的哲学理念和价值观念来营建中国的文明体系。佛教顺利传入中国，成功融入中华文明并进而成为中华文明不可或缺的重要组成部分，成为中国传统文化的三大主干之一，就是明证。同时，佛教也以其博大精深的理论体系和慈悲济世的宗教情怀为中国文化中"和谐"的哲学理念和价值观念增添了新的成分，注入了新的生机，带出了新的境界，做出了新的理论贡献和践行努力。

佛教以缘起理论揭示世间一切事物的相互依存与相互联系。"此有故彼有，此生故彼生，此无故彼无，此灭故彼灭"。世界是缘起的，人与大自然的关系，人与人的关系，都是相互依赖、相互联系的，毁灭了大自然，人类自己也无法独善其身。同样，不能与其他种族（民族）、其他国家、其他宗教（教派）、其他文明和睦相处，自身也肯定得不到安宁祥和。佛教直指人性存在的弱点，揭示了人心中贪婪欲望、固执己见、傲慢偏见是铸成世界无穷无尽的灾难，导致人与自然、人与人之间关系紧张和不和谐的根本原因，因而和谐世间必须从心开始，从心性的陶冶和德行的培养入手。释迦牟尼佛告诫我们："以欲为本故，母共子诤，子共母诤，父子、兄弟、姊妹、亲族展转共诤。彼既如是共斗诤已，母说子恶，子说母恶。父子、兄弟、姊妹、亲族更相说恶，况复他人？是谓现法苦阴，因欲缘欲，以欲为本。复次，众生因欲缘欲，以欲为本故，王王共诤，梵志梵志共诤，居士居士共诤，民民共诤，国国共诤。彼因斗诤共相憎故，以种种器仗，转相加害，或以拳叉石掷，或以杖打刀斫，彼当斗时，或死、或怖，受极重苦，是谓现法苦阴，因欲缘欲，以欲为本。"（《中阿含经》卷第二十五）

因此，在人与自然的关系中，佛教提出"依正不二"的理论，认为"正报"指众生及诸佛菩萨即生命主体，依报指"正报"所依存的国土即所生存的大自然。依正不二就是认为正报与依报乃一体两面，缺一不可，二者密切相关，由此奠定了佛教对人与自然关系的基本主张，即对大自然爱护而不是掠夺，主张草木无情而有性，应细加呵护，而畜生道的有情众生因其皆有佛性，更须加以关爱。因而，佛教主张人与自然和合共生，和睦相处。在人与人的关系上，佛教提出"于诸众生，视若自己"（《无量寿经》），"是法平等，无有高下"（《金刚经》），以及"自他不二"、"无缘大慈，同体大悲"、"无我相，无人相，无众生相，无寿者相"、"众生平等"等一系列理念，坚持自利利他、自度度人。中国佛教更以"心净则国土净"（《维摩诘经》）的坚定信念开出了"人间佛教"的智慧之花，确立了人间净土的发展理路、思想方向和实践旨归，既契合了佛陀慈悲济世的本怀，也圆融了中国文化的人文精髓，同时回应了构建和谐世界的现实关怀，具有深远的历史意义和深刻的现实价值，是当代人类构建和谐世界无可替代的精神资粮和智慧源泉。

和合需要众缘　众缘才能和合①

各位高僧大德、各位专家学者、各位嘉宾朋友：

今天高朋满座，胜友如云。我们在烟花三月、春光如画的江南古城无锡迎来世界各地的虔诚佛子和专家学者，心中感到无比喜悦。对各位不远千万里光临盛会谨表达我衷心的感恩和祝福，祝各位身心康泰，六时吉祥！

今天，地球上任何一个角落都不可能是与世隔绝的世外桃源；今天，世界上任何一个民族或国家都不可能回到"邻国相望，鸡犬之声相闻，民至老死不相往来"（《道德经》第八十章）的时代；今天，世界人类已经是一个唇齿相依、休戚与共的生

---

① 本文为 2009 年 3 月 28 日，学诚法师在第二届世界佛教（无锡）论坛大会上的发言。

命共同体！面对全球性的问题，无论是金融危机，还是生态危机、能源危机、气候危机，抑或是恐怖主义威胁、种族冲突、宗教冲突等，任何一个民族或国家都不可能置身事外、独善其身。而以邻为壑、嫁祸于人的行径更无异于饮鸩止渴、剜肉补疮！只能使全球性危机进一步加剧，最终将自食其果。世界人类唯一能够采取的行动是凝聚全人类的智慧和力量，同心同德，共克时艰，构建一个以全人类福祉为目标的和谐世界。这样的和谐世界需要国际社会的共同努力，任何推诿责任的言行都于事无补。

和合需要众缘，众缘才能和合！然而令人遗憾的是，今天的人类世界充满着种种不和谐，主要体现在：一是人类整体与所赖以生存和发展的大自然之间的不和谐，造成了生态、能源、气候等诸方面日益深刻的危机与困境；二是人类自身在不同国家、民族及不同宗教信仰群体之间的不和谐，造成了国家、民族、宗教之间日趋扩大的贫富分化和旷日持久的争端与冲突；三是人类个体与社会之间的不和谐，造成了社会内部成员之间财富分配的极度失衡及一定程度的道德沦丧与犯罪猖獗；四是人类个体内在身心诸要素之间的不和谐，造成了信仰缺失、心灵空虚和许多日益严重的心理问题。《佛说初分说经》说："缘生法者，一切法从因缘生，从因缘灭。"（卷下）所以，今天人类首先应该深刻反思造成目前全球性危机的种种因缘，而后才能痛定思痛，改弦易辙，共同谋求一个更为公正合理，更加安全稳定，更具可持续发展的和谐世界。

以佛教的观点来看，一切世间现象都是因缘结合而产生的。其中，起主要作用的是因，起辅助作用的是缘。从广义来说，因也是缘，称为"因缘"。《大智度论》说："一切有为法皆从四缘生，所谓因缘、次第缘、缘缘、增上缘。因缘者，相应因、共生因、自种因、遍因、报因，是五因名为因缘。"也就是说，产生任何现象的缘都不是单一的，而是多种多样的。因此《大智度论》又说："有为法性羸故，无有从一缘生……无有法从一因生……四缘和合生，如水中月，虽为虚诳无所有，要从水月因缘生，不从余缘有；诸法亦如是，各自从因缘生，亦无定实。"（卷第三十二）可以说，世界上的万事万物都是由众缘作用而成，缘聚则生，缘散则灭。因此，世间的任何一法都不是恒常自主、不可改变的。无论是善法还是恶法，只要改变或营造相应的缘，它们就会消失或产生。由此可以坚信：世界的不和谐是众多不良因缘造成的，只要我们携手消除这些不良因缘，同时共同促成众多善法因缘，和谐世界就没有理由不到来！

世界种种和谐或不和谐现象的产生，过去的业因是重要的缘，但仅仅这单一的缘还不够，还必须有其他现前的缘。而在所有的缘中，人内心的思想观念是关键，一方面它播种将来的业因，另一方面也能引发过去业因的成熟。因而第一届世界佛教论坛发出了"和谐世界，从心开始"的呼吁。《联合国教育、科学及文化组织组织法》指出："战争起源于人之思想，故务需于人之思想中筑起保卫和平之屏障……和平若全然以政府间之政治、经济措施为基础，则不能确保世界人民对其一致、持久而又真诚之支持。为使其免遭失败，和平尚必须奠基于人类理性与道德上之团结。"① 这也深深契合了佛教的真谛。因此，消除个人、种族、民族内心深处的不和谐思想，是化解各种不和谐现象而达致和谐的关键。

人类不和谐的思想根源中，二元对立的思想观念是重要的一环。联合国在 1995 年发表的《宽容原则宣言》中提出："有必要加强系统合理的宽容教育方法，解决因文化、社会、经济、政治和宗教差异而产生的不宽容，因为上述各种差异都是暴力

---

① 1945 年 11 月，在由美、英、法、中等 41 个联合国宪章签字国参加的筹备会上，通过联合国教育、科学及文化组织《组织法》，这个组织于 1946 年 11 月 4 日正式成立，简称教科文组织。

与排斥的主要根源。"①联合国《教科文组织信使》的文章《力求各种文化之间的理解》说："目前，各种对立的教条主义仍在相互争斗。"（Kwasi Wiredu，2007 年）另一文章《不断变化的种族主义》也说："那些由一些在某个历史时期享有盛名的人物所提出的种族主义和排外主义的观点，通过政治、宗教、文学、教育和大众媒体等途径得以传播，并最终植根于人们的思想。"（Doudou Diène，2008 年）

在二元对立的思想观念中，人与自然、身与心、自与他、国与国、文化与文化、有神与无神、本教与异教、本派与异派等观念无处不在；在决定与被决定、征服与被征服、正确与错误、兴盛与消亡等紧张与对立的关系中，圆融与和谐的理念被有意无意地淡忘乃至抛弃。在二元对立思想观念的影响下，人们可能有意宣扬而放大对立点，刻意挖掘和树立对立面，从而引发和激化矛盾、冲突和斗争。

特别需要指出的是，在二元对立的思想观念中，物质与精神分离对立，致使近代以来人类主要致力于对大自然的科学探求和对物质世界的财富追求，而相对忽略了人文精神的培育和对超越价值的肯定，从而导致人类精神价值在一定程度上发生

①　联合国教科文组织 1995 年 11 月 16 日第二十八届大会通过。

迷失，社会责任感在一定程度上出现缺失，个体甚至群体道德在一定程度上呈现沦丧，由此产生众多个人的、社会的、世界的不和谐问题。2008 年孟加拉道德培养方式基金会创始主席在提交给联合国教科文组织的《关于促进世界可持续和平的全球道德培养计划建议书》中曾一针见血地指出："不道德问题是人类今天面临的头号敌人，因为它直接造成几乎所有产生恐怖组织（包括战争、种族冲突）、腐败、贿赂、不公正、贫困、侵犯人权、环境污染等重大人类问题的严重犯罪行为。不可否认，今天所有这些人类危机都是全世界道德严重沦丧的必然后果。"

不和谐、不道德的观念和行为，归根到底来源于根植于人性深处的贪婪、瞋恨和无明等。

人们由于贪婪而过分压榨自然，乃至压榨他人、压榨他国，往往采用种种短视、欺诈、强权的不道德手段，由此引发环境破坏、经济危机、武装侵略等问题。联合国《秘书长千年报告》中说："今天，有些武装冲突起于贪婪而非怨愤……我们面对的生态危机有许多原因，其中包括贫穷、忽略和贪婪。"[1] 由瞋恨则爆发战争屠杀、种族清洗、恐怖报复等不人道行为，由

---

① 2000 年，联合国第七任秘书长科菲·安南向千年首脑会议提交报告《我们人民：二十一世纪联合国的作用》。

骄慢则滋生霸权主义、种族歧视等不道德问题。

针对这些根源性因缘，我们应该积极发掘、探讨和倡导多元和合的思想观念，特别是人与自然、身与心、人与人、国与国、宗教与宗教、文化与文化等多元和合的哲学思想和道德观念。如《教科文组织信使》的文章《建立世界哲学》中说："旨在通过培育道德、重建人文精神的哲学应当指引我们走上世界和平的道路……必须首先着手拆除隔绝东西方哲学传统的藩篱，加强这两种异质文化间的沟通和理解，从而确立世界哲学……世界哲学的作用首先将是寻求统一和协调，使人类消除对抗和文化冲突，在文化多样性中寻求普遍性，避免在这个过程中出现哲学、宗教或文化排他性。"（Woo-Tak Kee，2007 年）联合国《国际文化合作原则宣言》希望："各国应尽力一起——可能时同时——发展文化的各部门，以期在技术进步和人类智慧上和道德上的进步之间建立一种和谐的平衡。"[①]联合国秘书长 2008 年的报告《为了和平而促进宗教间和文化间的对话、了解与合作》中特别对青年教育寄予希望："教育青年了解宗教和宗教间对话已列为优先事项，目的是让他们了解尊重对方

---

① 联合国教育、科学及文化组织大会第十四届会议于 1966 年 11 月 4 日宣布。

的价值，对于确保在当代多元社会和谐共处，这一点比以往任何时候都重要。"①

人与自然、人与人、民族与民族、地区与地区、国家与国家、文化与文化，迫切需要多元和合，也必须多元和合。例如在中国，实行一国两制而实现香港和澳门的平稳回归，以及中国五大宗教、佛教三大语系和平共处等，都是多元和合的成功范例。

在多元和合思想的视野和目标中，所有元素之间的关系都能超越表面、局部、短暂的对立，而在根本上、总体上，长久地达成互助、平等、共生等关系。多元和合的思想能支持、承载、调和一切文化、一切宗教、一切国家、一切个人，特别是东西方文化间的差异，也能够包容一切哲学，包括二元对立哲学，承认其部分效用和一定价值。

基于多元和合的哲学思想和生命智慧，还应倡导知足、慈悲和谦虚等美德。

倡导知足为乐，满足适度的或基本的物质需求即可，分出时间和心力追求无碍于自他的精神富足，鄙弃和转化有害于他人、环境和自身的物欲上的过分贪婪，才能从根本上避免滥

① 第 64 届联合国大会秘书长报告之一。

采资源、经济欺诈和巧取豪夺等不道德行为及由此引发的众多问题。

在自身享受上的知足常乐不等于不思进取，而是改变进取的动机和进取的方向。在动机上，可基于慈善心去积极地创造物质财富和精神财富，扶贫济困、造福人类，追求安身养心、精神富足、人际和乐等。目前，二元对立的思想观念还主导着世界人类，国家之间还存在着弱肉强食和骄慢歧视的时候，一些欠发达国家和地区可能还需要以大力开发自然资源和刺激消费等方式发展经济，以安定人心、保障安全、提升地位，但从人类整体的前途命运和真正福祉来看，必须倡行知足常乐、精神与物质平衡发展的观念和行为。联合国秘书长 2008 年在《关于联合国工作的报告》中说："不作为的后果谁也逃不了！"[1]

除了知足，还应当倡行慈悲。认识慈悲的价值，体会慈悲的喜乐，消解内心的不体谅、不容忍和瞋怒、怨恨等热恼，从根本上避免和化解排他主义、恐怖主义、战争屠杀等问题和不道德行为。

倡导谦虚，即认识和体会谦虚的效用与安乐，放弃自满、

---

[1] 2008 年联合国秘书长关于联合国工作的报告。

骄慢、轻蔑等心态，从根本上避免和化解种族主义、霸权主义和宗教歧视等不道德行为。

慈悲和谦虚不是懦弱和退缩，而是包容和进取。由广大包容心和进取心而引发的慈悲和谦虚，将带来光明和喜乐，能逐渐化解他人的瞋恨和骄慢，而决不会以瞋恨对瞋恨、以骄慢对骄慢而导致更多的仇恨和灾难。

树立多元和合的思想观念，并拥有知足、慈悲、谦虚等美德，就不会过分贪求物欲而劳损身心、破坏自然、伤害他人，也不必依赖恐怖主义或霸权主义的行为去获取尊严和尊重。由个人而推展到群体、国家、国际，人与自然乃至世界人类的多元和谐就易于达成。

这项事业应该由所有国家、所有组织、所有宗教、所有个人共同来做。和合需要众缘，众缘才能和合！就我们佛教来说，教义中有丰富的多元和合的思想观念，特别强调身心不二、自他不二、依正不二、空有不二的深广道理，并有知足、慈悲、谦虚等美德的系统教导。佛教还有着坚持和平的良好传统。我们应该继承和发掘佛教智慧中多元和合的基本教义和优良传统，通过各种途径和活动，更深入、更充分地研究和践行它们，使之成为构建和谐世界的宝贵精神资源。

　　我们还需要参与和推动与教外各界各种形式的交流合作，与全社会、全世界分享，与所有宗教、所有文明互学，共同促进从个人小世界到全球大世界的众缘和合，使得人心和善、家庭和乐、人际和顺、社会和睦、文明和谐、世界和平，建设一个持久和平、共同繁荣、多元和合的和谐世界！

　　今天我们共同举行"平等、多元、开放"的第二届世界佛教论坛，就"和谐世界，众缘和合"的主题进行交流，并就佛教与科学、佛教的国际交流等多个分论题进行探讨。在无锡开幕，到台北闭幕，全球佛子、两岸人士、各界精英共论佛教、共话和谐，这本身也正是体现和推动多元和合的盛举。

同一个世界 同一种行愿 ①

尊敬的大会主席，

各位长老、各位大德、各位同道：

今天，第九次中韩日佛教友好交流会议，在风景如画的日本古都京都、奈良如期举行。这是今年 4 月在中国杭州、普陀山举行首届世界佛教论坛之后，中韩日三国佛教代表再次聚会一处，法轮常转，佛日增辉，感到由衷高兴！

首届世界佛教论坛以"和谐世界，从心开始"为主题，探讨如何从心开始，以佛教的智慧，为共建和谐世界做贡献。这是包括中韩日三国佛弟子在内的世界佛教徒的盛会，凝聚了包

---

① 本文为 2009 年 10 月 26 日，学诚法师在第九次中韩日佛教友好交流（京都）会议上的发言。

括中韩日三国佛弟子在内的世界佛教徒的智慧和力量，显示了佛教在当代世界之深远广泛的影响。

这次中韩日三国佛教友好交流会议以"致力人类共生"为主题，探讨"三国佛教在宗教间对话中的作用"，深入探讨人类共生、世界和平的问题。这是一个在当今世界具有特别重要意义的议题，使世界佛教界利益众生的深宏悲愿再次得以充分展示，需要我们三国佛教以此因缘集中智慧，为人类共生和世界和平，同愿同行，贡献我们的力量！

一、自他相依，和合共生，三国佛教的根本诉求

当今世界，由于人性的无明，各种纠纷、冲突、战争并未随着世界物质财富的剧增而消弭，反而有增无减、愈演愈烈，民族矛盾、宗教纷争、地区冲突、恐怖活动、贫富分化，让我们这个世界很不太平。

要消弭冲突，世界和谐，共享太平，就要化对抗为对话，在世界范围内的不同国家、不同宗教、不同文明、不同制度、不同区域间进行对话，而宗教作为世界各大文明的核心，它们之间的对话、和谐是构建世界和谐的坚固基础，发起各个方面、各个层次的对话，其中就包括宗教间对话。以慈悲、智慧、平等、

和合为显著特征的佛教，其根本教义中所蕴含的和平主义智慧，可以在宗教对话中发挥作用，在当今这个各种冲突频仍发生的世界，其独特的价值将是不可替代的。

佛教的和平主义取向，基于佛教自他相依、和合共生的终极体认和根本诉求。

佛教以深邃的智慧洞察了人性的本质，指出人们贪、瞋、痴、我执、法执，乃至由此引发的争执、冲突、战争，都根本上源于人性的无明。人性的无明，背觉合尘，不知世界众生本自一体，于"无同异中，炽然成异"（《楞严经》卷第四），分别执着。"无明缘行，行缘识，识缘名色，名色缘六处，六处缘触，触缘受，受缘爱，爱缘取，取缘有，有缘生，生缘老死"（《缘起经》），缘起流转，无有穷尽。无尽缘起幻化众生器界，但此器界众生毕竟缘起无自性、无同异，终归一体不二，自他相依。众生无明，于"无同异中，炽然成异"，分别执取，你爱我恨，生死苦恼，但无碍佛菩萨同兴无缘大慈、同体大悲而慈悲度化，生死解脱，常乐我净。

佛教不坏世间而度化众生，其关键在于慈悲施度，转无明为智慧。无明妄生，则自他相异，争执冲突，俗世缘起，生死苦恨；智慧开启，则自他相依，和合共生，胜义缘起，常乐我净。

心念一转，则自他相异转成自他相依，争执冲突转成和合共生。

佛教不坏世间，不异世间善法，恒顺众生因缘而施救度。人类社会文明历经争执冲突、动乱战争却能绵延不绝、生生不息，正是得力于世间善法的缘起增上。人们的历史经验不断教会人们怎样相处，怎样互惠互利。世界其他各大宗教也都教导人们与人为善，平等博爱。这些与佛教自他相依、和合共生的诉求都是一致的。佛教智慧，其实正是对人类共同智慧的深刻体认。不断在自他相依、和合共生中互为增上，共同成就，是佛教的大智慧。在这方面，中韩日三国佛教以其亲切践履，积累了深厚的历史智慧。

二、恒顺因缘，圆融含摄，三国佛教的历史智慧

中韩日三国佛教，法乳一脉，源远流长，互相交流，相映生辉，共同推动着佛教的发展与弘传。在各自的历史发展过程中，三国佛教都很好地与本国文化、宗教传统相融合，走出了符合本国因缘的发展道路，获得了广大民众的信奉与尊崇，法音宣流，佛种绍隆。

佛教在中国的发展与弘传，既得益于中华传统文化本来具有的包容性，又得益于佛教作为理性智信宗教的和平主义特征，得益于中国佛教随顺因缘、圆融含摄的历史智慧。佛教在与中国固有文化互相对话、交流中，形成的中国佛教特有的和合圆融的精神，充分体现了佛教的因病与药、应机设教的缘起教义精髓。中国佛教采取了适合中国文化环境的传播方式，在中国广泛传播开来。

随顺并非异化，圆融也并非含混。中国佛教以随缘不变、不变随缘的智慧，形成了中国佛教的智慧结晶。近现代以来，中国佛教因应时代社会机缘，形成发达人生、净化社会、完善人乘、进趣佛乘的人间佛教思想，表现了更多的人间关怀。中国佛教正以丰富多样的人间佛教践行方式，积极参与更广更大范围内的宗教间、文明间的对话、交流与融合。

公元六世纪，佛教经中国、韩国传入日本后，日本佛教采取了与日本文化相融合的形式，形成了独特的日本佛教，赢得了广大的信众。中韩日三国佛教一脉相承，分流增辉，和合共生。

三国佛教在各自的发展过程中，都能善于因应各种因缘而随缘增胜，并且互相交流，共同发展，形成了"黄金纽带"关系，共同为佛教的弘扬增光添彩，为人类文明的发展做出了特殊的贡献。

三、友好交流，致力共生，三国佛教的共同责任

秉承致力人类共生、世界和平的历史传统，中韩日三国佛教友好交流会议已经举行了九次，各种佛教文化交流和互派修行体验团活动深入进行，使我们三国佛教的"黄金纽带"关系更加牢固，为促进三国佛教之间、三国人民之间的真诚对话、友好交流，都做出了积极的贡献。本次会议探讨三国佛教在宗教对话中的作用，致力于人类共生，将我们的友好交流进一步引向深入，为世界宗教间、文明间的对话，开创局面，积累经验，丰富内涵，挖掘泉源，加速进程。

秉持佛教缘起中道法则，我们认为在友好交流、互为增上中，一切都可以转染成净、转凡成圣。如何转染成净，促成人类共生、世界和平、共至圣境？通过对话、沟通、交流，达到和睦相处、和合共生、和平发展，就是一条必由之路。在这条道路上，三国佛教以其丰富而深邃的对话、融合的历史智慧，可以发挥十分积极的作用。提倡对话交流，进行对话交流，我们要在众生平等的根本无分别智的基础上，用后得差别智，以一种"为差异而喜悦"的心态，发起无缘大慈、同体大悲的愿行，通过宗教间、文明间对话交流，寻求更大的智慧整合，以友好的交流、良性的合作，消除无谓的纷争、恶性的排他，致力人

类共生，增进人类福祉，促进共同繁荣。

面对全球一体化的当今世界新机缘，我们三国佛教应当继续加强我们的友好交流，不断巩固我们的"黄金纽带"关系，充分运用我们的历史智慧，以更广阔的视野，更超越的态度，面对当今世界所共同面临的更广泛的问题，进行更深入的对话交流，为世界和平、人类共生贡献心力。同一个世界，同一种行愿，我们将共同发展，共同成就！

促进世界和谐是佛教徒的神圣职责 ①

    两千多年来，佛教以慈悲和平的精神、利济天下的情怀，在向世界各国传播的过程中，为促进社会和谐、民族和睦，为推动人类文明进步做出过重大贡献。当今世界，尽管局部地区动荡不安、冲突不断，各种恐怖主义事件时有发生，然而从大的方面来看，求和平、促发展、谋合作仍然是时代潮流。在这种形势下，佛教徒有责任继续秉持慈悲和平的精神，与一切坚持正义和爱好和平的各界人士一道，为世界和平、人民安乐做出自己独特的贡献。

---

① 本文为 2007 年 10 月 26 日，学诚法师在第十次中韩日三国佛教友好交流（北京）会议上的基调演讲。

一、促进世界和谐，佛教责无旁贷

当今世界已进入高度发达时代，在经济全球化的趋势下，随着人类"征服"自然界手段的空前提高，"索取"自然财富的范围和数量不断扩大，自然环境和生态平衡遭到严重破坏，自然资源正在迅速消耗，围绕能源和市场展开的争夺越来越激烈。

同时，世界范围内贫富两极分化的加剧和国际公正秩序某种程度的缺失，发展中国家经济、文化和环境不能得到有效的保护，这是构成世界不和谐的主要原因之一。与此同时，伴随着物质享受日益丰富而出现的奢侈浪费现象愈显突出，人们工作节奏紧张，人际关系疏离，安全、幸福和快乐指数并没有同步提高，再加上拜金主义、享乐主义的侵蚀，人类的传统道德遭遇严峻挑战，严重威胁到社会的和谐和稳定。

一些国家和地区连年不断的战乱和冲突，各种形式的恐怖主义，因自然环境遭到破坏而带来的各种天灾和疾病，无时不在威胁着人们的生命安全。为此，我们不能不深感忧虑。

面对这种世界范围的危机，各国有识之士都在积极提出各种应对方案。作为荷担如来家业的四众弟子，应当做出自己的积极贡献。自古至今，无论是净化人心、提高民众的道德素质，还是促进家庭、社区、社会的和谐，乃至推动构建和谐世界，本来就是佛教教义的根本诉求，也是佛陀慈悲济世精神的生动体现。一切有理想、有抱负的佛弟子，都应当肩负起这一神圣的责任，为建设一个持久和平、共同繁荣的和谐世界而进行不懈的努力。

二、促进世界和谐，净化人心为本

心清净故，世界清净。促进世界范围内的和谐，净化人心，服务社会，加强生命教育和道德建设，三国佛教徒应为此做出各自的努力与探索。

2006 年，以"和谐世界，从心开始"为主题的首届世界佛教论坛在中国隆重举行，出席会议的各国佛教领袖和学者，对当今世界面临的种种问题进行广泛深入的分析探讨，呼吁各国佛教徒通过弘扬佛教基本教义，净化人心，重建道德，建立互相理解、彼此宽容和友好合作的关系，营造和谐的家庭、和谐的社区、和谐的社会，进而构建和谐的世界。

这次论坛对各国佛教领袖、信众进一步了解自己在维护世界和平，构建和谐世界中所应承担的责任，起到积极的推动作用。如何进一步落实和深化首届世界佛教论坛的主旨精神，真正担负起自己的历史使命和时代责任，是佛弟子们一项长期而艰巨的任务。

温家宝总理在《尊重不同文明，共建和谐世界》的演讲中指出：文化多样性是人类文明的重要特征。文化多样性之于人类社会，就如同生物多样性之于自然界一样，是一种客观现实。只有尊重文化的多样性，才能使人类文明得以发展。如何才能使不同文明共存和发展？归根结底在于"和"。这就是国与国之间的和平，人与人之间的和睦，人与自然之间的和谐。①

佛教的历史经验表明，在推动国与国、人与人、人与自然之间的和平、和睦、和谐的进程中，佛教无论在理论层次，还是实践层面，都发挥着不可替代的重要作用。

佛教的基本教义，如：业感缘起、生佛平等、依正不二的思想，乃至五戒、十善、四谛、八正道、慈悲心、菩提心、六度、四摄等为圆满自他二利而累劫修行的具体内容，都兼有提升道德、净化人心的重要意义，都已成为中国佛教的基本诉求，进而慈悲济世、自觉觉他，共跻圣域，共享安乐，是一种系统完整的生命教育，体现着构建和谐家庭、和谐社会乃至和谐世

---

① 2005年12月6日，正在法国访问的国务院总理温家宝在法国巴黎综合理工大学发表题为"尊重不同文明，共建和谐世界"的演讲。

界的价值取向。

佛教的信仰，是建立在无限生命的因果关系的基础上的。正确的佛教信仰的价值观，是引导我们不断超越自我与趋向生命解脱的人生信念。在肯定无限生命的自我开创与正确实践的前提下，只有如理如法地秉持"不为自己求安乐，但愿众生得离苦"（80卷《华严经》卷第二十二）的菩萨精神，才能够在现实人间奉献佛教的智慧与慈悲。

因果法则，是宇宙间的自然法则。修如是因，得如是果。种瓜得瓜，种豆得豆，欲免恶果，必修善因；倘若造恶因，绝难得善果。古德云："因果者，世出世间圣人平治天下、度脱众生之大权也。若无因果，则善无以劝、恶无以惩，遑论明明德以止至善、断烦惑以证菩提乎？"（释印光①，《历史感应统纪序》）

佛教的缘起论透露给我们一个重要的信息：一切有情息息相关，任何个体要想追求自己的幸福和快乐，都不可能与其他有情割裂开来，都必须在和谐世界的基础上才能获得。同时，缘起无自性的观念也提供给我们这样一个坚定的信念：任何事

---

① 释印光，法名圣量，字印光，民国四大高僧之一（虚云，太虚，印光，弘一）。

情都不是固定的、永恒不变的，当前局部地区的动荡和纷争也是这样，只要把握了缘起的关键，世界的和平和人类的幸福就一定能够到来。中国有句古话"知易行难"，关键在我们能否用自己的生命去实践佛陀的教诲，因应时空因缘，开创出国与国、人与人、人与自然之间和平、和睦、和谐的新局面。

三、促进世界和谐，加强共同合作

推进公民道德建设，构建和谐的社会环境，进而促进世界的和谐，需要通过各界密切协作才能取得成效。中国佛教徒正在积极参与社会道德建设、文化建设，努力促进社会和谐。例如：

（一）中国佛教发扬大慈大悲的精神，在一些国家或地区发生严重的自然灾害，例如地震、旱涝、疫病等灾害时，积极参加国际救援，通过有组织的募捐活动，捐款捐物，向受灾民众提供各种力所能及的援助。

（二）中国佛教大力提倡各宗教间应互相尊重、平等对话、友好协商，共同开展国际合作，为制止不同民族或宗教间的仇杀，建立各民族之间、各宗教之间和各国之间的和谐相处和共同发展、建立共同繁荣的国际社会新秩序，进行互相支援、彼此协作。

（三）中国佛教通过组织或参与国际性会议，就维护世界和平，制止各种危害人类生存和发展的战争、恐怖主义及其他热点问题进行探讨，向有关方面提出建议、呼吁，动员广大民众共同参与维护世界和平、促进世界和谐的行动。

（四）中国佛教与韩国、日本佛教自古以来就是联结东亚各国友好关系的"黄金纽带"。我们希望今后继续开展与韩国、日本佛教徒的友好往来和佛教文化交流活动，为增进中国与韩国、日本人民之间的相互理解，加强合作，不断进行新的努力和探索。

各位大德、各位同道：

构建和谐社会、和谐世界已经成为当今世界各国有识之士共同关注的时代话题，佛教文明在促进世界和谐方面所具有的独特价值也日益为人们所认识和接受。面对这一难得的历史机遇，三国佛教界应当继续加强友好交流，不断巩固"黄金纽带"关系，以更广阔的视野、更积极的态度，进行更深入的对话与交流。中国佛教界愿意与韩国、日本佛教界携起手来，为维护亚洲和世界和平做出积极贡献。

让佛教的价值观放于世界文化的体系中 ①

　　今天，在风光独特、景色宜人的济州岛，我们中韩日三国佛教界的众多人士齐聚一堂，共同探讨"佛教徒为环境保护所承担的责任"这一话题，具有非常重要的意义。尤其济州岛人民素来以民风淳朴、热情友善、重视环保而著称，在这里讨论与人类前途密切相关的环境问题，缘起更显得十分殊胜、吉祥！

　　近年来，全球范围内频频发生的自然灾难引起了人们广泛的关注：2004 年一场百年不遇的大海啸席卷东南亚，造成至少 15 万人死亡；2005 年，卡特里娜飓风袭击美国，造成重大人员伤亡和数百万人流离失所；2006 年，酷热天气笼罩美洲及欧

① 本文为 2008 年 10 月 10 日，学诚法师在第十一次中韩日佛教友好交流（韩国济州）会议上作的中国佛教代表团基调发言。

洲众多国家、地区，最高温度达 51.6℃，热浪夺去数百人的生命；2007 年，世界各地除继续遭遇创纪录的高温袭击，更由于暴雨洪灾而使千万人失去家园；进入 2008 年，中国多个省市发生冰雪冻雨，四川汶川发生特大地震，飓风侵袭缅甸，台风狂扫菲律宾。据统计，在过去 20 年里，全球发生的自然灾害数量增加了 3 倍多。20 世纪 80 年代初期，全球平均每年发生 120 起自然灾害，而现在已增加到每年 500 起左右，受灾人数也在过去 20 年内增加了 68%。[1] 据科学家研究，其中许多灾难的发生，或多或少、或直接或间接与人类的活动有关，特别是与温室气体大量排放所造成的全球变暖有重要关联。今年联合国发表的《2007/2008 年人类发展报告——应对气候变化：分化世界中的人类团结》中，对气候异常问题给予高度重视。报告指出："气候变化现在已经是被科学所证明的事实……旱灾、极端天气情况、热带风暴加剧，海平面上升，我们在有生之年就会看到，这些灾害将给非洲广大地区、许多面积狭小的岛国和沿海地带带来越来越大的影响。"[2] 除了气候异常，油

---

[1]　数据来自国际发展及救援非政府组织乐施会 2007 年 11 月 25 日发布的报告：Climate Alarm: Disasters increase as climate change bites。

[2]　联合国开发计划署（UNDP）2007 年 11 月 27 日发布。

价飙升、粮食安全也是今年国际社会关注的热点，这同样与自然环境与资源的破坏有着密不可分的关系。此外，生物多样性、白色污染、水资源保护、核废料问题、农药污染、森林减少等各方面环境和生态问题依然严峻。可以说，我们所赖以生存的地球生态已经危在旦夕。若再不采取有力措施，人类面临的终将是灭顶之灾！

可喜的是，目前在全球范围内，已经有越来越多的人士开始认识到环境保护的重要性。特别是 2004 年和 2007 年诺贝尔和平奖都授予了为环境保护做出突出贡献的人士，更是体现出国际社会已经逐渐形成了主流共识：环境保护已成为当前维护世界和平与确保可持续发展的重要基石。各国政府在气候、能源、粮食、水资源等危机面前，除了制定本国相应的可持续发展战略，出台切实可行的环保措施，更纷纷大声疾呼国际间携手合作。1992 年 6 月，联合国在巴西举行"抢救地球"高峰会议，与会国一致签署保护植物、动物和自然资源协议；1997 年12 月，联合国气候变化框架公约国在日本签订《京都议定书》，约定将大气中温室气体含量控制在适当水平，以防止气候剧烈变动造成生态浩劫。2007 年底，《巴厘岛路线图》的签署为今后气候变化的国际谈判指明了方向，商订了《京都议定书》在

2012 年到期后各国在减少碳排放上的责任和义务。

尽管全球环境保护的工作取得越来越大的成效，但我们也应意识到问题的解决仍旧需要克服诸多的困难。目前，仍有许多团体和个人为了局部利益、短期利益，为了片面追求经济利益，而不顾对环境造成的严重污染，不惜损害其他团体与个人的利益乃至生命安全，这些行为无疑使全人类的环保事业蒙上了阴影。

许多有识之士已经明确指出，今天全球范围内严重的环境问题之所以产生，其根源是人类中心主义的思潮，是主体与客体对立、分离的思维模式。在工业化、现代化的过程中，正是这种思维模式主导着人类，将自身凌驾于自然之上，不顾一切地向大自然掠夺，才会造成今天的恶果。以佛教的角度来看，人类的贪心借助着科技的发展而肆无忌惮地膨胀，为了贪求舒适与便利而不断向大自然索取，片面追求经济增长，从而使环境问题不断恶化。英国著名历史学家汤因比（Arnold Toynbee）博士也认为："现代人的贪婪将会把珍贵的资源消耗殆尽，从而剥夺了后代的生存权。而且，贪婪本身就是一个罪恶，它是隐藏于人性内部的动物的一面。而人类身为动物又高于动物，若一味沉溺于贪婪，就会失掉做人的资格。因此，人类如果要治理污染，继续生存，那就不但不应该刺激贪欲，还要抑制贪欲。"（汤因比，1985 年）同时，由于无明使人类看不清缘起因果的真理，认识不到人与万物的息息相关，才会做出急功近利、逃避责任、转移污染、以邻为壑等恶劣行径。这样的结果是，由于贪欲和无明的驱使，人们做出许多试图获得幸福与快乐的努力，却因为不具备真正的智慧而终将陷入危机与苦难之中。正如《法华经》所说："深著于五欲，如牦牛爱尾，以贪爱自蔽，盲瞑无所见……深入诸邪见，以苦欲舍苦。"

从以上的事实和分析可以看出，维系生态、保护环境绝对不仅仅是环保团体的工作、各国政府的职责，拯救濒危的地球，是我们每一个人不可推卸的责任。尤其是身为慈悲伟大的佛陀的弟子，我们更不能漠视这一攸关人类生死存亡的大事，更应当以勇健无畏的气概，为了地球母亲的命运挺身而出。身为一名佛教徒，我们应当从佛教博大精深的教义中寻求智慧的源泉，以先辈们千百年来的躬行实践作为行持的典范，不要仅独善其身，更要兼济天下，努力搭建不分国家、不分宗教、不分种族的对话平台，与各界人士共同担负起保护地球生态的重责大任。

环境问题产生的主要根源在于人类思想的偏差，这些错误思想的纠正，是环境保护能够取得根本性进展的保证。佛教的教理教义、佛教徒的生活模式都蕴含着宝贵的环境生态伦理思想，提倡佛教环境伦理思想及其实践活动，对于匡正人类的偏差观念，提高人类的环境伦理道德，促成人们崇尚环保的生活方式，具有重大的意义。

佛教与环保有关的思想，首先体现在"知足常乐"的苦乐观上。人的欲望是无尽的，日益膨胀的欲望势必导致地球资源匮乏，势必因为掠夺资源而发动战争，这样的恶性循环，终将使人类走向自我毁灭的不归路。然而，人们追逐欲望是为了寻找快乐，快乐的得到却不一定要通过放纵欲望。《佛遗教经》说："当知多欲之人，多求利故，苦恼亦多；少欲之人，无求无欲，则无此患……行少欲者，心则坦然，无所忧畏，触事有余，常无不足……知足之法，即是富乐安隐之处。知足之人，虽卧地上，犹为安乐；不知足者，虽处天堂，亦不称意。"与这种"少欲知足"的思想对应，从古到今的众多佛弟子一直有着"勤俭节约"的生活习惯。原中国佛教协会咨议委员会主席圆拙老和尚生前常常从废弃的旧稿纸中，把空白的部分裁下来，留作便条纸用。太虚大师、弘一大师，还有已故中国佛教协会会长赵朴初居士，都有着同样的"惜福"习惯。这些大德以他们"简单的生活、富足的生命"，为每一个寻求生命快乐的人树立了典范。

佛教中缘起、因果的世界观为佛教徒的环境保护实践提供了根本的依据。《杂阿含经》说："此有故彼有，此生故彼生，此无故彼无，此灭故彼灭。"佛陀以其亲证的缘起真理揭示了宇宙一切事物、现象之间的相互依存与因果联系。人的正报与其赖以生存的依报——自然环境，有着"依正不二"、唇齿相依的紧密联系。因此，在处理人与自然的关系时，人们应当采取尊重、关爱的态度，而不是一味掠夺。过度滥采自然资源，即是破坏人类自身的生存条件；大肆猎捕野生动物，就如同伤害人类一样负有罪业。缘起因果的道理还告诉我们，自身的发展诉求不能损害到他人的权益，不能罔顾子孙后代的生存环境，否则必将遭受恶果。由此缘起定律出发，佛陀为弟子们制定了许多戒律作为行持标准，以期自利利他。比如，佛世的僧团每年结夏安居三个月，其中一个重要目的，就是为了避免在外出时，踩杀地面的虫类及草木新芽。《南传大藏经》中也有"不应采伐如是等诸种之种子与诸种之树木"的记载。在佛教典籍中，对于狩猎、乱伐树木、开矿挖山、江河捕鱼等都有严格的规定，可看作是一系列保护生态环境的实践标准。

如果说由于敬畏因果而戒杀强调了自利，佛弟子出于慈悲的理念而护生则更体现了利他的精神。佛陀过去生行菩萨道时，曾经是一只小鸟，为了扑灭一次森林大火，以免无数生灵涂炭，奋不顾身地以羽毛取水灭火，其所展现的"同体大悲"令人深深震撼。《梵网经》说："一切男子是我父，一切女子是我母，我生生无不从之受生，故六道众生皆是我父母……故常行放生。"《华严经·普贤行愿品》强调平等心与大悲心的关系，强调菩萨应平等饶益一切众生："以于众生心平等故，则能成就圆满大悲，以大悲心随众生故，则能成就供养如来。"（卷第四十）在这种无比广阔深邃的慈悲精神的光芒照耀下，狭隘的"人类中心主义"自然没有容身之处。如果人人能够学习这种悲天悯人的菩萨之心，一切环境问题自然迎刃而解，人与人、人与自然、人类与一切生物将会呈现怎样一幅和谐美好的画面！实际上，大乘佛法中"为诸众生不请友"的慈悲精神，激励了古今无数佛弟子努力躬行实践，为"上求佛道、下化众生"而广修六度万行，而在中国佛教则突出体现在放生、素食的优良传统上。历史上，天台智者大师曾以身教言教感化附近渔民，使其放弃渔捕之业，乃至临海三百余里尽成放生法池。受佛法影响，梁、魏、隋、唐、宋等历代皆有君主提倡放生，虔诚奉佛的梁武帝更开历史先河，首倡茹素之风，并在僧尼中大力推广。放生、素食的传统在汉地一直延续至今，为生态环境的保护做出了重要的贡献，不遗余力地传播着和平与吉祥的福音。

为了成就菩萨道，不仅要成就众生，还要净佛国土。由于《般若经》等经典的提倡，"庄严国土、利乐有情"成为中国佛教徒的实践目标，也因此促成了众多名山古刹的清净庄严。通过植树造林、栽花培草，将道场妆点得清新自然、富有生机，既是对诸佛菩萨、护法龙天的最好供养，又可令法侣信徒们心生欢喜、安身办道，因此历来受到格外的重视。据《高僧传》记载，早在北魏年间，梵僧昙摩密多来到敦煌之后，曾经"于闲旷之地，建立精舍"，并种植树木上千株，形成方圆百里的园林。被联合国教科文组织确定为世界自然与文化遗产的峨眉山，其优美的环境、茂密的森林并非出自天然，而是主要来自从唐朝开始中国历代僧人的杰出贡献。例如，根据《别传禅师塔铭》记载，这位清朝的出家人曾历经数十年，在峨眉山种植松、柏、杉、楠等达十万八千株之多，且有四百多株高大的楠树至今依然矗立。时至今天，无论地处深山的各大丛林，还是位于繁华地带的都市寺院，都以其参天的古木、如茵的花草迎接着各方信徒访客，在环境问题日益突出的今天，更显得弥足珍贵。

佛教的智慧宝藏中蕴藏着如此珍贵的生态保护思想，历代佛子的实践有着如此丰富的与自然和谐相处的内涵，作为21

世纪的佛教徒，面对千疮百孔的人类生存环境，面对气候变化所带来的严重后果，不但自己要以祖师大德为典范，实践自然环保的生活，更应当义无反顾地秉持佛菩萨的慈悲救世之心，大力弘扬佛陀的智慧言教，以期启发和影响越来越多的人，扭转人类的整体共业。现代的佛教徒和佛教团体，应该更积极地提倡"人间佛教""入世佛教"的参与精神，为环境保护等人类福祉事业发挥更大的作用。同时，现代社会是一个地球村，地球的苦难向我们提出一个共同的环保课题，这个难题不仅仅只有一个解决方案。正如同佛法讲"八万四千法门""归元无二路，方便有多门"，佛教徒应以更开放的心胸找出与各界人士对话、合作的道路，利用区域文化的特点，推动与非佛教人士间的对话与环保行动。

在儒道文化里蕴涵着大量的仁爱、护生思想。这些"发乎道德，应于福祸"的道理，与佛法的精神是相通的。例如，孟子说："谷与鱼鳖不可胜食，材木不可胜用，是使民养生丧死无憾也。养生丧死无憾，王道之始也。"（《孟子·梁惠王上》）意思是人与自然和谐是生存发展与社会安定的根本。儒家认为，人与万物都是自然的产物，主张"仁民爱物"、推己及人，把仁爱精神扩展至宇宙万物。

　　"道法自然"是中国两千五百年前老子提出的主张。《老子》说："天道无亲，常与善人。"（《道德经》第七十九章）人类应与大自然和谐相处，天地万物都有它存在的价值，人类对一切生命和保护生命系统负有伦理责任。道家把自然规律看成是宇宙万物和人类世界的最高法则，"天人合一"就是追求人与自然界的和谐统一。在这一点上，佛家、儒家和道家的观点有着不少共通之处。

　　由于进入工业化的时间较早，西方发达国家在生态保护的研究和实践方面，普遍比较重视，工作起步较早。1952 年诺贝尔和平奖获得者、著名神学家史怀哲（Albert Schweitzer，1875 年～1965 年）提出了"敬畏生命"的理论（史怀哲，2006 年），对传统西方伦理学忽视其他物种的局限性有很大的突破。他将人与动物视为应当和睦相处的兄弟关系，为基督教文化关注生态问题提供了理论基础。在实践方面，这些国家较早制定有关环境保护的法律法规，普遍成立有绿色和平组织，大力宣传和实施环境保护。西方环保组织、环保人士的许多经验，值得我们佛教徒借鉴。

　　"二人同心，其利断金"，在"经济全球化、文化多元化"特征日益显著的今天，不同宗教、文化体系的对话固然重要，教内的合作往往会发挥更大的作用。多年来，中韩日三国佛教界"黄金纽带"关系日益牢固，在呼吁世界和平、推动环境保护、重建伦理道德等各方面做了持续不断的努力，并结出许多丰硕成果。十年前中韩日佛教友好交流会议决定，为实现庄严国土、利乐有情的伟大理念，三国佛教界每年四月在本国植树，就是一个很好的例证。今天，我们三国佛教界人士又来到美丽的济州岛，共同探讨佛教徒为环境保护所承担的责任，讨论如何用佛教的环保思想，来启发和引导当今社会的伦理观念，可谓意义重大、影响深远。在人类面临环境危机之际，佛教徒有义务担负起应尽的全球责任，用自身的行动去感召人们，以彼此的同心同愿来影响社会，并发挥大乘佛法的圆融特性，让佛教的价值观放声于世界文化的体系中。"和谐世界，众缘和合"，我们相信，在三国佛教界、全球佛教徒和其他有识之士的共同努力下，佛教的"和合共生"、"依正不二"等思想光辉一定能够越来越放射出异彩，人类的环境保护事业一定能够取得越来越多的进展，让我们共同期待人间净土早日实现！

‖ 章前语

人类几千年来追求幸福的历程充满了艰辛困苦，而人类的幸福却一再被自身的创造物所破坏。自从进入现代文明以来，人逐渐被异化、物化、工具化、空壳化、符号化、数字化，给人的本来面目蒙上了一层层厚重的尘垢。

无明烦恼的根源在于顽固的自我中心意识，最主要的三种表现分别是贪婪、瞋恨与愚痴：由贪婪产生的经济危机，由瞋恨产生的安全危机，由愚痴产生的技术危机。资本、暴力、技术三股势力相互激荡，在内心烦恼的怂恿下，给人类社会造成严重的动荡不安。

现代性危机归根到底是一场"人类自我认识的危机"，是物文化无法超越自身局限性的必然结果。只有我们的文化精神超越物文化、达到新的层次，才有可能从根本上消除这场危机。

主客二元、理性至上、功利主义既是西方文化的根本特征，也是现代文明无法克服烦恼的文化症结，更是助长贪嗔痴烦恼的深层因素。它们最终导致个人中心主义与人类中心主义，愈加强化了人类内心的根本我执。

不解决人类的烦恼问题，就不可能找到人类文明的根本出路。烦恼是人心的问题，归根结底是"信心"，也就是人类不相信自己内心的能力与潜能，只相信外在的物质力量和技术手段。

东方社会在构建心文化方面之所以占有优势，是由其所具有的内在超越性特质所决定的。在东方文化的土壤中，这种内向的心灵智慧发展得尤其充分，佛教讲"内明之学"，儒家讲"正心诚意"，道家讲"乘物以游心"，东方圣哲们的智慧结晶共同构成了"心文化"的主要内容。

当今佛教的社会责任——
建设人类的心文化 ①

一、人类的危机

当今人类社会已进入信息化、全球化时代，人类拥有了前所未有、高度发达的科学技术。然而，科学技术对于人类而言是把双刃剑。在日益膨胀的贪欲驱使下，人类对大自然和同胞的疯狂掠取，已经让人类社会和大自然走向了始料未及、难以挽回的危险境地。而科学技术已成为一些人掠夺大自然和人类同胞、聚敛物质财富的工具。大自然在人类的贪婪索取下已是千疮百孔、遍体鳞伤。生态系统遭到严重破坏、险象环生，生态失衡已危及众多生命的存活和物种的延续，并将最终危及人

---

① 本文为 2009 年 10 月 17 日，学诚法师在第十二次中韩日佛教友好交流（日本横滨）会议上作的中国佛教代表团基调发言。

类自身的生存。

现今世界面临前所未有的危机：环境污染、生态失衡、自然灾害频发、疾疫流行、资源短缺、能源匮乏、金融危机、贫富分化、信仰缺失、道德沦丧、人性泯灭、宗教冲突、种族屠杀、恐怖活动猖獗、战争硝烟不散、核武器阴影笼罩……在人类历史上，我们第一次面对如此众多攸关人类共同命运的全球性问题和困境。

人类对物质财富的贪求和对科学技术的滥用，已产生严重的祸患。如果任凭这种趋势继续发展下去，终将导致更为严重的毁灭性后果。正如 20 世纪英国历史学家汤因比（Arnold Toynbee）在《人类与大地母亲》中所说："人类将会杀害大地母亲，抑或将使她得到拯救？如果滥用日益增长的技术力量，人类将置大地母亲于死地。"（汤因比，2001 年）

二、危机的根源

深入分析人类的生存状态，我们认识到：人是依赖于诸多关系而存在的。在各种错综复杂的关系中，最根本的关系有三种：人与自然的关系、人与人的关系（包括个人之间、群体之间、民族之间、国家之间、宗教之间、文明之间的关系等）、人类个体身心的关系。我们可以把人的生存状态相应归结为生态（人—自然）、世态（人—人）、心态（身—心），简称为"人类三态"。如前所述，目前人类社会出现诸多问题和危机，虽然形态各异，但可总括为"人类三态"所呈现的种种病态。其中，生态、世态的病态归根结底源于人类心理的病态。

从心态上看，人类中心主义、个人中心主义、物质主义、消费主义皆根植于人类心中的贪、嗔、痴三毒。它们是环境破坏难以得到根本遏制的罪魁祸首，也是诸多人际矛盾和国际冲突鼎沸难息的釜底之薪，同时也导致了个人心灵与肉体、精神与感官的极大失衡。三毒不除，祸患无穷。

我们知道，人类中心主义、个人中心主义、物质主义、消费主义可归结为人类世界观和价值观的问题。一个人的道德观念、行为方式，从根本上决定于他的世界观和价值观。康德（Immanuel Kant，1724 年 ~ 1804 年）的墓碑上刻有如下铭文："有两样东西，人们越是经常持久地对之凝神思索，它们就越是使内心充满常新而日增的惊奇和敬畏：我头上的星空和我心中的道德律。"（康德，1989 年）老子亦曾有言："人法地，地法天，天法道，道法自然。"（《道德经》第二十五章）康德所谓"心中的道德律"，老子的"道"以及儒家经典《大学》

所言"明明德"（彰明心中固有的良知），从根本上说都源自人类寄寓其中的天地万物、宇宙自然的启迪和人类心灵深处本心本性的良知良能。人为万物之灵，灵就灵在人有智识，能以其智识探索宇宙天道、自然规律和生命现象，并在世界观的指导下建立一套价值观念、道德规范和行为准则。

近代以来，实体论、机械论、原子论的世界观，还原论、分析主义、主客对立等思维方式逐步盛行于西方，形成"笛卡尔—牛顿"式的哲学观念和科学体系。虽然促发了人类的理性觉醒，促使人类走出神权的阴影，并且带来物质文明的繁荣，但因为这种世界观和思维方式局限、片面地认为构成世界的各个个体、各个部分之间是孤立的，即使有联系，也只是外在、表面的，而非内在的联系，所以在一定程度上强化了以自我为中心的观念和意识（各种层面的"自我中心"包括：个人中心主义、民族中心主义、国家中心主义、人类中心主义等）。而其极端者把"物竞天择，适者生存"的准则应用于人类社会，这无疑会使人们从内心深处将自己与他人、与自然分割对立，最终陷入自私自利、唯利是图、损人利己、以邻为壑，以至于你死我活的冲突、斗争乃至战争的泥潭中难以自拔，更无法超越，从而导致"人类三态"的畸形和病态。

三、佛教的智慧

要化解如此深重的危机，医治如此严重的病患，药方可以开出很多。但如何才能对症下药、根除痼疾呢？如何弥补由"笛卡尔—牛顿"式的世界观、价值观及思维方式带来的负面影响？为此，不少西方有识之士将目光转向迥异于西方文化精神特质的古老东方文明，尤其是向中国传统文化包括佛教文化寻求启迪。两千多年来，佛教自印度传入中国后，在不断本土化的过程中，与中国传统文化相融合，并成为中国传统文化三大主干之一，还进一步传播到朝鲜半岛及日本、越南等东亚、东南亚国家和地区，深刻影响了这些国家和地区人民的宗教信仰和精神生活。自上世纪以来，经过诸多高僧大德的不懈努力，佛教更远播到欧美国家乃至世界各地。佛教的智慧，即佛陀亲证亲见的宇宙人生本原实相和缘起表相，正为世界上越来越多的有识之士所认同和尊仰。

从历史上看，宗教和理性之所以会产生对立，甚至在一段时期内，宗教受到科学界的猛烈批判，是因为在西方中世纪，以一神信仰为主导的文化对至高无上的神的意志极端执持。这种神本文化不但排斥其他思想、排斥人的理性，而且也排斥由理性发展出来的科学文化。哥白尼、伽利略、布鲁诺等众多科学家以及与这种神本文化相抵触的思想观念的持有者、宣传者都被当作异端，遭到宗教裁判所的残酷迫害。于是在当时就产生了宗教与理性、与科学的严重对立。因此，当西方社会走出中世纪，经历了文艺复兴洗礼的人们就极力要求冲破原先那种宗教神权专制独断的文化禁锢，大力宣扬理性和科学，乃至把理性、科学与宗教信仰对立起来。此时，西方社会又走向了另一极端，开始激烈批判宗教信仰。而佛教在这点上却和西方主流宗教有很大不同，其理性而深广的宇宙观和人生观，慈悲且圆融的价值观和方法论，可以作为人类在科技时代重建道德标准和培养品行操守的宝贵精神资源。

佛教的宇宙观和人生观毫无神秘的意味，它不但彻底抛弃了印度传统的世界神造论，更不承认存在一种特定不变的本体作为宇宙和人类的起源。佛教认为诸法皆由因缘而起。在《杂阿含经》中，释迦牟尼佛曾这样描述"缘起"："云何增法？所谓此有故彼有，此起故彼起。谓缘无明行，缘行识，乃至纯大苦聚集，是名增法。云何减法？谓此无故彼无，此灭故彼灭。所谓无明灭则行灭，乃至纯大苦聚灭，是名减法。"（卷第十四）在《浴佛功德经》中有云："诸法从缘起，如来说是因；彼法因缘尽，是大沙门说。"《大乘入楞伽经》曰："一切法因缘生。"（卷第二）此缘起之理为释迦牟尼佛对宇宙生命普遍现象的洞察，为佛教之基本原理。

佛教以"缘起"解释世界、生命及各种现象产生之根源，由此建立起佛教独特的世界观和人生观。佛教主张宇宙万有没有一个事物是孤立存在的，所有事物或现象虽然表面上看来表现为个体间相互独立，但内在却有着相互关联性，皆是众缘和合而生，依赖丰富而复杂的联系而存在。也就是说，事物表面上虽然表现为个体性，其活动似乎也相互孤立，但其内在却息息相关。宇宙万有是众缘和合而形成，万有自身也是依托万有的众缘而存在。所以，宇宙大系统里所存在的万有之间，谁也不能随意消灭谁，否则会使自己也难以存在。作为个体的人，我们的行为无时无刻不在影响他人，同时各种复杂的因缘关系也影响到我们自身。所以我们必须关注自己与他人、与社会以及与自然万物的相互关系和影响，约束自己的行为，朝着良善的方向去努力。这就是佛教性空缘起、万物一体、和合共生的世界观。而这种世界观又影响到人的生命观和价值观，就形成了身心不二、自他不二、依正不二，以大慈悲心和般若智慧为核心的大乘道的生命观念和价值取向，成为佛教积极利他的强大动力和促进世界和谐的智慧源泉。

四、人类的出路

日益广泛而深重的全球性危难不断向人类发出警告。西方文明主导的全球化进程正席卷世界各个角落，现有的发展模式和生活方式已使地球人类危机四伏。整个人类世界正面临着可持续发展的严峻挑战。危机日益深重，危险迫在眉睫。人类应深自警醒：一系列已经出现、正在进行和将要发生的天灾、瘟疫、战争以及金融危机、经济危机等诸多危机，归根究底是人类的精神危机和心灵危机，是种种心之病态的外在显现。而心病的产生则是源于无明妄想而形成的偏狭、错误的世界观、人生观和价值观，进而由此引发并强化的贪、瞋、痴、慢、疑等烦恼障蔽了人人本具的清净本性、妙明真心所致。

心病还需心药医。佛教是极为重视"心"的宗教。《华严经》说："心如工画师，能画诸世间，五蕴悉从生，无法而不造……若人欲了知，三世一切佛，应观法界性，一切唯心造。"（80卷《华严经》卷第十九）《楞严经》说："当平心地，则世界地一切皆平。"（卷第五）《大般若经》说："于一切法心为前导，若善知心悉解众法；种种世法皆由心造，心不自见种种过失，若善若恶皆由心起。"（卷第五百六十八）《大乘本生心地观经》说："以清净心为善业根，以不善心为恶业根，心清净故世界清净，心杂秽故世界杂秽。我佛法中以心为主，一切诸法无不由心。"（卷第四）佛教之道，甚深而广大，究其根本，在明心见性，转无明的烦恼心为觉悟的菩提心。心为诸法之本，若人人能破除无明我执，息灭贪、瞋、痴三毒，做到心净、心安、心平，由个体到家庭，由家庭到社区，由社区到国家，进而遍及天下，则世界自然和谐。

如前所述，在佛法的世界观、价值观和方法论的启发下，当代人正逐步从现实文明困境的切肤之痛中觉醒，开始进行一场比科学革命和社会革命更为深刻的精神革命。而这种精神革命需要汲取以修心、治心为特质的佛教精神资源，洞察现实之时势，融汇全人类优秀文明的智慧，创造一种新型的心灵文化，以对治目前占主流地位的以自我中心主义、贪婪自私、唯利是图为核心的物欲文化。同时，鉴于当今时代崇尚物欲、自私自利的思想已主流化、制度化，我们应以"心文化"为主导，弘扬佛教"勤修戒定慧，息灭贪瞋痴"的心灵净化方法，促进一个源自内心、实践于人类社会、以"心文化"为核心的人类文明的形成。

新文明　心文化　心和谐 [①]
—— 继承和发扬"黄金纽带"的和谐精神

一、"黄金纽带"的提出和巩固

17 年前的 1993 年 9 月 28 日，正值中国佛教协会成立四十周年，以山田惠谛（1895 年～1994 年）座主为首的日本佛教界为庆祝这一盛事，在京都隆重举行了"日中佛教友好交流纪念大会"，韩国佛教界许多领导人也参加了这一盛会。在这次承载中韩日三国友谊的盛会上，时已 86 岁高龄的赵朴初（1907 年～2000 年）会长曾饱含深情地说："中韩日三国的佛教文化是我们三国人民之间的黄金纽带，源远流长，值得我们珍

① 本文为 2010 年 10 月 19 日，学诚法师在第十三次中韩日佛教友好交流（江苏无锡）会议上作的中国佛教代表团基调发言。

惜、爱护和继续发展。"①这句话很好地概括了三国佛教友好交流的悠久历史、珍贵价值和深远意义，得到与会韩国、日本佛教同仁的积极响应和认同。

在之后不到两年的时间里，具体体现"黄金纽带"设想的"第一次中韩日佛教友好交流会议"于 1995 年 5 月 21 日在北京隆重召开，来自三国的佛教代表 105 人出席了会议，另有 500 余位韩日友人列席会议。此次会议以"友好·合作·和平"为主题，旨在开启中韩日佛教友好关系的新时代，积极推动三国人民的友好交流，维护东亚稳定，促进世界和平。此次会议的召开意义非凡，正如赵朴初会长在预备会议上所说："我们正在做的是我们的先人没有做过的一件大事，这样的盛会在一千几百年来中韩日佛教关系史上还是第一次。"②会议取得了圆满成功，为新时期三国佛教之间的友好交流拉开了序幕。

1995 年以来，中韩日三国共举办了十二次佛教友好交流会议。这些会议不但增进了三国佛教界之间的相互了解，更增进了三国人民之间的彼此信任。回顾这些成绩的取得，我们不能

---

① 赵朴初．在日中佛教友好交流纪念大会上讲话．法音（11），1993 年。
② 赵朴初．中国韩国日本佛教友好交流会议组织委员会名誉主席赵朴初在大会预备会上的讲话．法音（6），1995 年。

不深情缅怀以赵朴初会长为代表的中韩日三国佛教界老一辈领导人，他们为促进三国佛教交流、增进三国人民友谊做了种种可贵的探索和努力。正是这些探索和努力，将三国佛教"黄金纽带"连接得更为牢固了。

二、"黄金纽带"的历史

据史料记载，中韩两国民间的交往早在周朝就已开始，而中日两国民间的交往早在秦代就已开始。但三国大规模的从政府到民间的广泛交往，是从我国的隋唐开始的。这一时期是我国政治、经济、文化发展的鼎盛时期，也是佛教文化大繁荣的时期。佛教在这一时期传入今韩国和日本，成为了日后三国人民进行广泛和深入交流的一个"黄金纽带"。正如赵朴初会长在1995年第一次三国佛教友好交流会议开幕式上所说："我们中韩日三国人民、三国佛教徒之间有着悠久、深厚的亲缘关系。""佛教在中韩日三国人民的文化交流中起着媒介的作用，佛教方面的合作与交流是中韩日三国文化交流史上最重要、最核心的内容之一。"[①]"黄金纽带"的历史大约可分为如下两个时期：

----

① 赵朴初. 中国韩国日本佛教友好交流会议开幕词. 法音（6），1995 年。

第一个时期：韩国和日本朝廷派遣人员，前往中国学习先进文明。这一阶段对朝鲜半岛来说，主要是新罗王朝期间（约公元632年至公元935年）；对日本来说，则是从飞鸟时代开始（约公元600年），一直延续至平安时代前期（约公元900年）。在此期间，日本一共19次派出了遣唐使前往中国学习先进文明。这个阶段经历了约300年的时间。这在中国所对应的，主要是隋唐时期。

第二个时期：政府和民间的交往不断进行，三国文化之间互相学习、互相促进不断扩大。这个阶段，无论是朝鲜半岛还是日本，都是从公元900年前后，一直延续到近代，共有约一千余年的历史。前一个时期主要是以中国文化的输出为主，而这个阶段，朝鲜半岛和日本在向中国学习的同时，反过来对中国文化的恢复和保存起到了莫大的促进作用，这样的例子有很多。如：唐朝后期出现的"会昌法难"，再加上近半个世纪五代十国的兵荒马乱，使中华文化，尤其是包括佛教典籍在内的佛教文化遭受到严重的破坏，而来自朝鲜半岛及日本佛教界的"反哺"行为极大地弥补了这一历史创伤。在中国宋元时期，高丽王朝的谛观（生卒年不详）和义天（1055年～1101年）等高僧入宋求法的同时，带回大量中国已经佚失的佛教典籍；

元世祖驸马、高丽王子王璋（后为高丽忠宣王）奉王命遣使修缮杭州慧因寺时，在杭州监督印造《大藏经》50 部，分赠于江浙名刹，对于宋元佛教的复兴发挥了很大的作用。又如：十九世纪五六十年代，由于太平天国运动的冲击，江南佛教遭到了严重的摧残。被誉为"中国近代佛教中兴之祖"的杨文会（仁山居士，1837 年～ 1911 年），因在异国他乡的英国伦敦结识被称为"日本近代佛教学鼻祖"的南条文雄（Nanjō Bunyū，1849 年～ 1927 年），而得以从日本引进并出版已在中国佚失多年的近三百种佛经，为近代中国佛教复兴的契机。

从如上所说近三千年的东亚文化交流史来看，中韩日三国的文明进程可说是相互交织、密不可分，三国文化更是水乳交融、相得益彰。

最近一个半世纪以来，日本的现代化进程远远超过了中国和朝鲜半岛。但遗憾的是，快速发展的日本在上个世纪上半叶被法西斯的阴影深深笼罩着，走上了残酷的对外侵略路线，不但给中国人民和朝鲜半岛人民带来了深重的灾难，同时给日本人民带来了莫大的伤害。然而，战争与对抗只是历史的短暂插曲，和平与合作才是三国人民的心愿和主流。就在那场残酷的战争结束后不久，中韩日三国民间友好交流就在悄无声息中萌动了，不忘法谊、心存良知的三国佛教界人士之间的真诚交往，无疑是这一美丽乐曲中最动人的音符。

三、"黄金纽带"的未来意义

中韩日三国之间的文化交往，对于各自国家的历史进程都产生了巨大的影响。历史车轮驶到近代，随着西方文明的崛起，以及东方社会向西方世界的开放，西方文明与东方文明之间有了进行深度碰撞的机会，并呈现出由对话逐渐走向融合的趋势。正如赵朴初先生在 1993 年"日中佛教友好交流纪念大会"上所说："当今世界各种政治力量的消长、变化，总的局势越来越有利于缓和，有利于发展，也有利于佛法的弘扬；东西文化的大会合、大交融，更为佛法在当今发挥其净化人心、祥和社会的优势提供了广阔的空间。"① 换句话说，在过去，中韩日三国之间的"黄金纽带"对于促进自身的文明进程发挥了积极的作用；在今后，整个东亚文明作为一个整体面对西方文明的时候，三国佛教"黄金纽带"将发挥更为重要的作用。

近代西方文明的历史转折点为发生于公元 13 世纪末期的文艺

---

① 赵朴初 . 在日中佛教友好交流纪念大会上讲话 . 法音（11），1993 年。

复兴。以阿利盖利·但丁（Dante Alighieri，1265 年 ~ 1321 年）、弗朗西斯克·彼特拉克（Francesco Petraca，1304 年 ~ 1374 年）、乔万尼·薄伽丘（Giovanni Boccaccio，1313 年 ~ 1375 年）为代表的文学三杰，再加上以列奥纳多·达·芬奇（Leonardo Da Vinci，1452 年 ~ 1519 年）、米开朗基罗·博那罗蒂（Michelangelo Buonarroti，1475 年 ~ 1564 年）、拉斐尔·桑西（Raphael Sanzio，1483 年 ~ 1520 年）为代表的艺术三杰，共同拉开了以人文主义为导向的文艺复兴的帷幕。之后，马丁·路德（1483 年 ~ 1546 年）对已经走向腐朽的中世纪宗教进行了大刀阔斧的改革，从根基上动摇了教会的权威，使每个信徒都能通过《圣经》直接与上帝沟通。有了人文主义的复兴，再加上宗教束缚的松动，以尼古拉·哥白尼（1473 年 ~ 1543 年）、约翰尼斯·开普勒（1571 年 ~ 1630 年）为代表的天文学家，以及以维萨留斯（1514 年 ~ 1564 年）、威廉·哈维（1578 年 ~ 1657 年）为代表的医学家，分别对天体和人体运行规律进行了研究和揭示，启动了近代科学革命的序幕，并使自然科学开始从神学中分离出来。自然科学的实质性进展，对人类社会的进步产生莫大的影响。这种影响首先波及到了人们的思想领域，具体表现为以查理·路易·孟德斯鸠（1689 年 ~ 1755 年）、伏尔泰（1694 年 ~ 1778 年）、让·雅克·卢梭（1712 年～ 1778 年）为代表的法国启蒙运动的开展；然后是经济领域，具体表现即是以亚当·斯密（1723 年～ 1790 年）、大卫·李嘉图（1772 年～ 1823 年）为代表的英国古典经济学的建立；乃至于以伊曼努尔·康德（1724 年～ 1804 年）、格奥尔格·威廉·弗里德里希·黑格尔（1770 年～ 1831 年）、路德维希·安德列斯·费尔巴哈（1804 年～ 1872 年）为代表的德国古典哲学的形成。

以上对自然、社会及个人全方位的认知，从 13 世纪末期至 19 世纪上半叶，经历了五百余年的时间。在这期间，西方文明获得了长足的发展，而包括中国、韩国、日本在内的东亚文明则步履蹒跚，逐渐落后于西方文明。

五百余年西方文明的累积，为一门综合性学科——社会学的建立奠定了坚实的基础。由于社会学所关心的问题是整个社会发展演变的历史规律，这就要求人类对社会各方面要有比较全面深入的了解，才能使这门学科的创建成为可能。法国实证主义哲学家奥古斯特·孔德（1798 年～ 1857 年）被认为是这门学科的创建者，随后这门学科又被称为三大社会学家的卡尔·马克思（Karl Marx，1818 年～ 1883 年）、埃米尔·涂尔干（Emile Durkheim，1858 年～ 1917 年）、马克斯·韦伯（Max Weber，1864 年～ 1920 年）继续发展壮大。马克思、涂尔干、韦伯分别从阶级斗争、社会分工、人类行为理性化三个角度诠释整个人类社会的发展。由于他们的观察视角各异，理论建树各有所长，所以，今天当我们再次重温孔德的社会进化史观时，这些宝贵的思想理论对于我们更深刻地认识人类文明的历史进程将大有启发和裨益。

孔德（Auguste Comte，1798 年 ~ 1857 年）通过对人类社会进化趋势和动力的研究，认为人类社会的发展源自于人类精神或智力的发展。人类精神或智力的发展大致经历三个不同的阶段：一是神学阶段；二是形而上学阶段；三是科学阶段。与此三个阶段相对应，他提出了人类社会发展的三阶段：军事社会、法律社会和工业社会。更进一步地，与每个社会阶段相对应，他又提出了三种政权组织形式：神权政体、王权政体和共和政体。在孔德看来，西方文明历史，从上古到中世纪属于神学时代，是人类心智发展的开端；由文艺复兴至 18 世纪属于形而上学的时代，是人类心智发展的过渡时期；19 世纪则进入了实证科学时代，人类的心智发展至顶点或最高境界。当时孔德生活的时代正处于第三个阶段。因此，在孔德看来，实证科学有着异常崇高的地位，他自然也将人类社会未来的福祉寄托于工业社会的构建上。

　　根据马克思、涂尔干、韦伯等社会学家对人类社会发展规律从不同角度更为深入的研究，并基于对人类社会近一个半世纪以来发展历程的现实观察，对于孔德所提出的社会进化三阶段理论，我们有了更进一步的思考和发展。

　　首先，对社会进化三阶段理论的修正。孔德对社会发展三个阶段的提法其实并不严密，军事、法律和工业三个角度并不匹配。从社会物质基础来说，人类社会可分为原始社会、农业社会和工业社会，每个社会形态由于生产力发展水平的不同，也决定了这个阶段社会生产的物质丰富程度。原始社会以石器为主要生产工具，以猎狩采集为主要的生产劳动；农业社会以青铜器和铁器为主要生产工具，主要生产活动是农耕和畜牧；到了工业社会则主要以蒸汽动力或电力驱动的机器为主要生产工具，生产力得到大规模的提升，对自然界的改造和开发达到前所未有的程度。对应不同的物质基础，社会组织形式分别为：神权政体、王权政体和共和政体；人类智力发展层次分别为：宗教阶段、神学阶段、科学阶段。这里的神权政体，即是原始社会以图腾崇拜、多神信仰或一神信仰等宗教信仰为主导的政体形式。在这个时期，政教完全合一，原始氏族社会首领往往同时承担着祭祀的重任，民众在共同宗教信仰所辖之下，享受着原始社会所特有的平等权利。王权政体，则与农业社会相对应。随着生产力的发展以及民众分工的出现，社会出现了不同的阶级，比如君王、贵族和平民等。为了维护君王的权力以及社会的秩序，除了建立国家的军队之外，更重要的，则是为整个社会建立起共同的信仰，这便是君权神授学说的出现，也即所谓的神学体系。共和政体，则与工业社会相对应。随着社会生产力的高度发展，社会不同阶层经济力量发生了显著的变化。经济地位不断提高的民众，要求民主的呼声自然也会不断增加，因此，王权政体必然为共和政体所取代。这个阶段，人们对自然界和人类社会的认识，逐渐摆脱了宗教和神学的束缚，逐渐走向了客观与理性。

其次，对社会进化三阶段理论的发展。孔德将工业社会看作人类文明的最高阶段，现在看来，这种提法早已成为历史。那么工业文明之后，人类社会应进入怎样的文明呢？让我们回过头来，再看看原始文明、农业文明和工业文明的主要特征，无不跟人类社会与自然界的关系有极大关联。在原始社会，由于生产力水平极端低下，人类在大自然面前只能被动顺从，而无法有太多的作为；到了农业社会，随着生产力水平的提高，人们开始利用大自然提供的各种资源（如水力），而进行有规模的耕种；到了工业社会，随着生产力水平的大幅度提升，人类则有更大的自由空间来利用自然，乃至改造自然。随着人类社会相对自然界地位的提升，神的权威在下降，君主的权威也在下降，乃至到了工业社会，人类中心主义便逐渐凸显出来，随之衍生出来的个人中心主义也开始四处弥漫。人类中心主义的出现导致了人类社会与自然界之间的不和谐；而个人中心主义则导致了个人与社会、人与自身的不和谐。这两个中心主义的出现，使得自然界、人类社会乃至个人都遭受到极大的伤害。为了解决这些矛盾，为了让人与自然、人与社会、人与人之间能够和谐共生并获得持续发展，人类需要建立第四种文明，即生态文明。有关生态文明的提法，中国国家主席胡锦涛在十七大报告（2007 年 10 月 15 日）中说："建设生态文明，基本形成节约能源资源和保护生态环境的产业结构、增长方式、消费模式。循环经济形成较大规模，可再生能源比重显著上升。主要污染物排放得到有效控制，生态环境质量明显改善。生态文明观念在全社会牢固树立。"① 尽管报告中只是强调了生态文

---

① 2007 年 10 月 15 日，胡锦涛在中国共产党第十七次全国代表大会上作报告：《高举中国特色社会主义伟大旗帜　为夺取全面建设小康社会新胜利而奋斗》。

明的自然属性，但实际上，作为一种崭新的人类文明形态，它同样蕴含有人类的社会属性，以及个体的生命属性。就社会组织形式来说，如果说原始文明、农业文明、工业文明分别对应着神主社会、君主社会、民主社会的话，那么生态文明所对应的，则是一种蕴含着平等与圆融精神的和谐社会。不同的社会阶段需要不同的人类心智发展状态来支撑，神权社会需要宗教，王权社会需要神学，共和社会需要科学，那么，为了维系这一象征着理想状态的和谐社会，需要的是一种心学，或者说是一种"心文化"。这种文化唯从人类的内心世界出发，方能有效消除人与自然的对立，消除人与社会的对立，乃至消除人与自我的对立，从而使和谐社会的构建成为可能，使生态文明得以繁荣。

第三，和谐社会心文化体系的构建。回顾人类社会前三个阶段的历史转折点，从中可以发现，从原始社会到农业社会，或者说从宗教到神学的转折时期，无论在东方还是西方，都出现了灿烂的文明成果，德国存在主义哲学家雅斯贝尔斯形象地称此一时代为"轴心时代"，大致时间约在公元前 800 年至公元前 200 年，这一阶段，各个文明都出现了伟大的精神导师：在西方有古希腊的苏格拉底（Socrates，前 469 ～前 399）、柏拉图（Plato，约前 427 ~ 前 347）、亚里士多德（Aristotélēs，前 384 ~ 前 322）；在古印度有释迦牟尼佛（前 565 ~ 前 486）；在中国有孔子和老子。尽管地域不同，但这些哲人的思想却有很大的相似性，都是将人类的视野由对外在神的信仰，转向对人类自身的反省和认知，这个过程常被称为"终极关怀的觉醒"。在"轴心时代"之后，无论是东方文明还是西方文明，都进行了文明重构工作，将蕴含浓重人文内核的文化与宗教精神相结合，形成了各自的神学学说。第二个转折点，从农业社会到工业社会的转变，在西方便是在文艺复兴及法国启蒙运动期间完成的；这一过程在东方则要晚很多，一直到上个世纪中后期方才完成。因此可以说，从王权政体到共和政体——从神学到科学的转变阶段，是在西方文明的主导下完成的。人文思潮的兴起和自然科学的突破，使西方社会挣脱了宗教神学的精神束缚，促进了人类的理性觉醒。这一时期，西方自然科学和社会科学的蓬勃发展为人类创造了非常丰富的精神财富。然而，建构在二元对立哲学理念和科学体系之上的西方文化，虽然创造了极度繁荣的物质文明，但同时也使人类中心主义和个人中心主义的价值观弥漫于人类社会，造成了种种世界危机。所以，从 21 世纪开始，人类社会开始步入第三个转折点，即从工业文明到生态文明，从科学到心学的转变。应该说，对于这一历史使命，东方社会比之西方社会有着明显的优势，理当为人类社会的进步做出更大的贡献。东方社会在构建心文化方面之所以占有优势，是由其所具有的内在超越性特质所决定的。有别于强调外部超越的西方文化，东方文化不是以二元对立的视角来看待世界和人类自身，而是注重一切价值问题都回归到人的"心"中来化解，即通过内心的超越来调和人与外部世界间存在的紧张关系，从而达到人与自然、人与社会乃至人与自身的和谐共处。佛法正是这种"具备内在超越特质的文化"中的典型代表和重要组成部分，是构建心文化的宝贵精神资源。在东方佛教社会中，中韩日三国处于核心的地位。所以，中韩日三国佛教界的深入交流与积极合作，对于在新的历史时期，面对新的人类文明，共同构建心文化、创造心和谐这一历史使命，具有更为重要和深远的意义，这也正是三国"黄金纽带"对于未来人类文明的重大贡献与宝贵价值！让我们继承三国老一辈佛教领导人的悲心与宏愿，继续发扬"黄金纽带"的和谐精神，更好地发挥"黄金纽带"的历史价值和时代作用，共同构筑人类社会的美好明天！

佛教文化的社会价值与影响 [①]

一、佛教文化的历史影响

　　远在 2600 年前，在宁静的尼连禅河岸边的一株菩提树下，乔达摩·悉达多太子夜睹明星，觉悟成道，成为伟大的佛陀。经过无数风雨沧桑，佛教从最初追随佛陀的五比丘僧团，发展成为亚洲人民最普遍的精神信仰，并传播到世界各地，与基督教、伊斯兰教并称为世界文化的三大线索 [②]。在佛陀慈悲与智慧的精神力量感召下，越来越多的人如手足同胞一般走到一起，共同追求自身的精神提升和众生的广大福祉。

---

① 本文为 2011 年 11 月 2 日，学诚法师在第十四次中韩日佛教友好交流（韩国江原道襄阳）会议上作的中国佛教代表团基调发言。

② 释太虚．太虚大师全书（精）．第 18 册．310 页。

　　"圣人不出世，万古如长夜"，英国诗人艾德温·阿诺德（Edwin Arnold，1822年～1888年）称佛教为"亚洲之光"，这是一个很贴切的比喻，我们可以从两方面理解其寓意。其一，在西方人看来，光象征着创世与起源。宗教学家麦克斯·缪勒（Max Müller，1823年～1900年）把宗教的凝聚力量归结为一个民族得以形成的最主要原因（麦克斯·缪勒，1989年）。历史学家奥斯瓦尔德·斯宾格勒（Oswald Spengler，1880年～1936年）曾说："世界历史即是各伟大文化的历史"，"民族乃是文化的产物而非文化的作者"（斯宾格勒，2006年）。可以说，佛教是第一个真正超越了民族界限的伟大文化。历史上，佛陀的法音遍及亚洲各个角落，各个民族几乎都有过或长或短的"佛教化"时期，佛教因而成为亚洲各民族共同的文化母亲以及联系彼此的精神纽带。其二，光还是智慧与辐射力的象征。佛教"精神思想的深刻内涵发射出的号召力，使它在东方世界取得了无以匹敌的胜利"（阿尔弗雷德·韦伯[Alfred Weber]，2006年）。"中国的佛教是当时最活跃、最有影响和最先进的思想体系，它一直是从北印度和中亚诸国吸取新的推动力"（崔瑞德[Denis Twitchett]，1990年）。正是佛教的深刻思想，将亚洲文明整体推向了一个新的高度。

从历史上看，佛教文化的社会影响包括四个方面：

第一，推动文明的进步和发展。历史学家斯塔夫里阿诺斯（L. S. Stavrianos，1913 年～2004 年）认为，佛教"使欧亚大陆的文化整体化达到空前绝后的程度"，"在亚洲起了伟大的文明融合作用"（斯塔夫里阿诺斯，2006 年）。在印度，佛教倡导众生平等的慈悲精神，破除祭祀万能的宗教迷信，否定壁垒森严的种姓制度，形成了一场印度的"宗教改革"运动，完成了印度文明的自我更新。在中国，通过魏晋南北朝直至隋唐长达七百年的"佛教时代"（康拉德·希诺考尔［Conrad Sinoekaul］，2008 年），印度文明与中国文明深度交融而形成"儒释道合流"的崭新文明形态，并对东亚各国产生了深刻影响。在东南亚，佛教被多数国家接受为全民信仰，成为自身文化传统的主要载体。

第二，创造出举世瞩目的文化成就。佛教在逻辑、语言、技术、医学等方面具有悠久的传统，在哲学、文学、绘画、雕塑、建筑、音乐、天文等方面成果斐然，为后世留下了无比丰厚的精神宝藏和文化遗产。据统计，世界文化遗产名录中分布在东亚、南亚、东南亚地区有关佛教的文化遗产接近整体的百分之四十。

第三，发挥着重要的社会功能。佛教寺院在历史上具有学术机构、教育场所、慈善机构、图书馆和文化中心等多重角色，佛教经典得到精心的翻译和保存，其学术思想得到充分的交流和传播，僧侣成为知识与文化的继承者与传播者。当社会陷入战乱或动荡时，寺院还为广大民众提供衣食的庇护和信仰上的依靠。近代以来，佛教还成为亚洲各国抵制西方殖民主义、实现民族独立解放的重要精神支柱。

第四，增进地区间的和平与友谊。"最重要的并非由征服所引起的文化传播，也许是佛教被传到中国。"（塞缪尔·亨廷顿［Samuel P. Huntington］，1998 年）当其他宗教每每陷于宗教战争或教派冲突的泥潭时，佛教徒们发扬慈悲宽容的精神，致力于消除相互的敌意。阿育王皈依佛教后，宣布不再发动侵略战争，平等对待一切宗教。在玄奘取经、鉴真东渡、日本遣使入唐等交流活动中，求法及弘法僧侣们接受或传送的不仅是珍贵的法宝，还有先进的文化和真诚的友谊，为后人永远铭记。

二、现代性危机与文化精神

哲学家卡尔·雅斯贝尔斯（Karl Jaspers，1883 年～1969 年）

曾说："虽然佛教离我们今日甚远，但我们切不可忘记，我们都是人，所要解决的都是人类生存这一问题。佛陀在此已经发现了这一问题的伟大的解决方法，并已付诸实践。因此我们应做的是，依据自己的力量尽可能多地去认识、去理解他。"（雅斯贝尔斯，2010 年）重新发掘佛教文化的现代价值，对于思考和解决当今人类的社会问题具有深刻的启示意义。

肇始于近代西方文明并扩展至全球的现代化进程，是人类社会亘古未有的巨大变革，在物质文明上取得辉煌成就的同时也造成了生态环境、社会价值和个人精神等诸多层面的严峻危机。"世界观察机构"发出警告："随着世界进入 21 世纪，国际社会要么团结起来共同扭转危机，要么陷入环境恶化和社会解体的恶性循环。"（斯塔夫里阿诺斯，2006 年）20 世纪初，社会学家马克斯·韦伯（Max Weber，1864 年～1920 年）深入探讨了现代性危机的形成原因和主要特征，在学术领域产生了广泛持久的影响。借助他的思想，我们能够更好地理解现代性危机的来龙去脉。

韦伯认为，西方近代社会起源于两次理性化过程——文化理性化和社会理性化。文化理性化表现为前现代社会一元论的"世界图像"逐渐解体，由宗教提供的完整统一的价值秩序和意义诠释毁灭殆尽，价值领域分化出三个各自独立的领域——科学与技术（自然）、道德与法律（社会）、自我表述与艺术（自我），每个领域遵循不同的价值标准和发展逻辑。社会理性化则表现为目的理性（或工具理性）成为人类行为的主导模式，资本主义企业、现代国家机构的诞生标志着经济、政治等社会结构的全面理性化和物化。韦伯敏锐地意识到，价值多元化是理性"祛魅"的必然结果，不同价值体系的紧张冲突（即所谓的"诸神之争"）将长期存在并且无法从根本上化解。正如哲学家卡西尔（Emst Cassirer，1874 年～1945 年）形容的："各种思想的这种对立并不仅仅是一个严重的理论问题，而且对于我们的伦理和文化生活的全部内容都有着急迫的威胁。"（卡西尔，1985 年）

后继的学者们不满足于韦伯笔下的悲观前景，希望通过完善社会的运行机制来解决危机。代表性的理论有帕森斯（Talcott Parsons，1902 年～1979 年）的"社会系统论"，哈贝马斯（Jürgen Habermas，1929 年～）的"交往行为理论"，罗尔斯（John Bordley Rawls，1921 年～2002 年）的"正义论"，卡尔·波普尔（Karl Popper，1902 年～1994 年）的"开放社会"等。

我们认为，现代性危机的解决途径不能仅限于社会制度的调整与改进，而应该进行一次人类文化的根本性转变，促成社会的整体变革。这是因为社会与文化是紧密相关的，文化是社会的精神内涵，社会是文化的展现形式。马克斯·韦伯在《新教伦理与资本主义精神》中已经深刻地洞察到，启动社会整体变革的关键因素在于一种相应的文化精神。事实上，人类社会的每一次重大变革，都伴随着义化精神的同步演进。例如，从原始社会到前现代社会的变革，其文化精神是轴心时代产生的宗教文化，我们可以称之为"神文化"；由前现代社会到现代社会的变革，其文化精神是启蒙时代以来形成的目的理性（或工具理性），可以称之为"物文化"。

在现代社会走向成熟的过程中，物文化的严重弊端也开始显现。由于对物质文化的过度执取和疯狂追求，西方文明逐渐失去了清醒的反省能力，尽管在"自然"、"社会"领域获得了重大成就，但是在"自我"领域却越来越深地陷入困惑与迷茫。由价值多元化衍生出来的意义丧失、价值分裂、过度主观、信仰虚无、自由泛滥等诸多问题，更是"自我"极度贫乏的具体表现。思想家舍勒（Max Scheler，1874 年～ 1928 年）忧心地指出："研究人的各种科学与日俱增，层出不穷，但是无论这些科学如何有价值，它们却掩去了人的本质，而不是照亮它……

在历史上没有任何一个时代像当前一样，人对自身这样的困惑不解。"（舍勒，1989 年）从"自我"的困惑与迷茫还衍生出个人中心主义和人类中心主义。前者反映出"自我"与"社会"之间的二元对立，后者反映出"自我"与"自然"之间的二元对立，如果任其恶化下去，其后果将是整个社会道德的崩溃和生存环境的毁灭。

因此，现代性危机归根到底是一场"人类自我认识的危机"（卡西尔，1985 年），是物文化无法超越自身局限性的必然结果。心理学家弗罗姆（Erich Fromm, 1900 年～1980 年）预言道："我们的时代只是一个过渡的时代……我们的时代是一个终结，也是一个开端。"（弗罗姆，1988 年）只有我们的文化精神超越物文化、达到新的层次，才有可能从根本上消除这场危机。

三、心文化——人类文化的未来方向

文化精神的超越方向不是指向外在的环境，而是指向我们的内心世界。卡西尔提出："从人类意识最初萌发之时起，我们就发现一种对生活的内向观察伴随着并补充着那种外向观察。人类的文化越往后发展，这种内向观察就变得越加显著。"（卡西尔，1985 年）历史学家汤因比（1889 年～1975 年）指出：

"拯救之道不在社会关系领域里，而在个人内心精神生活的领域；只有战胜了自我，人类才能获得拯救。"（汤因比，2005年）心理学家肯·威尔伯（Ken Wilber，1949年~）认为："如果我们真的想达到世界的统合——经济上能维持长久的景气和繁荣，生态上能达到持续利用，文化上能包容异己——那么于外在的科技潮流之外，人类还必须朝着内心的方向发展，从自我中心到社会中心到世界中心，由此才能产生开放与容忍，尊重个人的差异性，并防止科技朝向毁灭的方向发展。外在的潮流已有很多无法扭转的趋势正在发展，只有内在的发展才能使灾难转向。"（肯·威伯尔［Ken Wilber］，2010年）

文化精神的向内超越，必须借助于丰富深刻的智慧见地，因为"如果人类的心智结构还是不改变的话，我们会不断地重新创造出本质上如出一辙的世界，同样的邪恶，同样的功能失调。"（艾克哈特·托尔［Eckhardt Thor］，2008年）虽然人类的知识产量以指数形式急速增长，可是掌控知识的智慧之手却显得如此势单力薄。因此，"如何平衡知识和智慧正成为一个非常紧迫的问题"。科学家爱因斯坦（Albert Einstein，1879年~1955年）警告说："人类作为一个种族的未来取决于这种平衡的结果。"（斯塔夫里阿诺斯［L.S.Stavrianos］，

2006 年） 在东方文化的土壤中，这种内向的心灵智慧发展得尤其充分，佛教讲"内明之学"，儒家讲"正心诚意"，道家讲"乘物以游心"，东方圣哲们的智慧结晶共同构成了"心文化"的主要内容。因其深深触及人类的本性，故具有超越时代、超越地域的不朽价值。出于对东方心灵智慧的深刻领悟，雅斯贝尔斯将佛陀、孔子、老子的智慧列为人类精神永不枯竭的源泉。

我们有理由期待，这场朝向内心的伟大进军势必开启人类社会的第三次伟大变革。第一次变革发生在"轴心时代"，即由原始文化转向"神文化"，形成了以宗教为基础的社会道德体系；第二次变革发生在西方近代，由"神文化"转向"物文化"，形成了以理性为基础的自然科学体系；第三次变革则将由"物文化"转向"心文化"，构建以不二智慧为基础的自我心智秩序。不二智慧所要克服的就是二元对立的思维模式。

进入 20 世纪以来，佛教禅法在西方宗教界、科学界产生了广泛回响，彰显出心文化的普适意义。60 年代，天主教神父葛兰汉、乔史顿等人引进佛教的禅法，开创出"基督禅"（李四龙[①]，2009 年）。弗罗姆通过深入比较禅宗与精神分析得出

---

① 李四龙，复旦哲学系毕业，现任北大哲学宗教学系教授。

结论："可以较为确定的是，对禅的知识及实践，能够在精神分析的理论与技术上产生最为丰富和清楚的影响……禅宗思想将会拓展和深化精神分析者的视野，并帮助他达到一种更彻底的观念，即对真实的把握作为完全自觉意识的最终的目的。"（弗罗姆，1998 年）所以，心文化很有可能成为未来东西方文化交流沟通的共同基础。

当今西方的有识之士已经深刻认识到了东方智慧的重要价值，希望借此克服西方文化的内在缺陷。其中肯·威尔伯的观点很有代表性："西方有自己的相对真理，东方也有自己的相对真理，但是从东方我们可以得到对绝对真理的理解。我的主要观点就是明智地融合东方与西方的相对真理——双方共同以空性作为基础，相互交织成完整的脉络。"（威尔伯，2010 年）

因此，重新发掘东方智慧传统的现代价值是实现人类心文化的关键，博大精深的佛教文化将是其中最重要的思想宝库。

四、走向世界的佛教文化

我们欣喜地看到，古老的佛教正在焕发新的青春，从"亚洲佛教"向着"世界佛教"稳步转型，佛教文化的现代价值开始得到世界范围的肯定和赞扬。语言学家阿尔布雷希特·韦伯

（Albrecht Weber，1825 年～ 1901 年）提出："佛教从一开始就在伸张人的普世权利"，"超出了种族的局限，成为一种最古老的普世宗教"（Tomoko Masuzawa，2005 年）。神学家汉斯·昆（Hans Kung，1928 年～）高度评价道："人们在新的世界形势之下，需要更多的同情、平和、温润、喜乐、宽容以及和谐，而这一切，正是佛陀精神的实质。"（汉斯·昆，2007 年）印度人权革命之父安贝卡（B.R. Ambedkar，1891 年～ 1956 年）认为只有佛教全部符合理想宗教的四项判准：1. 激发人类和社会价值的极致；2. 与理性相契合；3. 激励自由、平等和博爱的精神；4. 不把贫穷"神圣化"。（B.R. Ambedkar，1950 年）他最终选择皈依佛教，并发动了声势浩大的佛教复兴运动。

佛教尊重不同文化和不同信仰的真诚态度，在当今世界的多元化语境之下更显示出重要的现实意义。佛教文化展现出的广大开放性和深度包容性，令世人刮目相看。历史学者菲利普·费尔南德兹－阿迈斯托（Felipe Fernandez-Armesto）感叹道："与同为在轴心时代之后兴起的基督教和伊斯兰教相比，佛教在许多不同的国家与文化中进行传播，而实际上大多数的宗教都倾向于保留其发源地的文化特性。我们还无法完全领悟佛教在这一方面的成功秘诀。"（菲利普·费尔南德兹－阿迈

斯托，2010 年）

佛陀充分考虑到不同地域的差异性，因此制定出随方毗尼，教导弟子尊重各地的风俗习惯："虽是我所制，而于余方不以为清净者，皆不应用。虽非我所制，而于余方必应行者，皆不得不行。"（《五分律》卷第二十二）在汤因比看来："佛教在传入一个国家后，一般都能与原有的宗教友好相处，我们希望这种佛教传统能够流行于世。""在一个物质上统一起来的世界里，如果佛教是唯一传教的宗教，那么个人的选择自由将能得到保障。"（汤因比，2005 年）

佛教还具有不执成见、兼容并包、广纳一切智慧成果的开放心胸，如圣天菩萨所说："有智求胜德，亦爱他真理，日轮于地上，有目皆共睹。"（《四百论·破见品》）例如，佛教的因明学正是在借鉴印度正理派逻辑思想的基础上，发展形成的一套宏大完备的逻辑体系，不仅成为阐扬佛理的有力工具，而且实现了印度逻辑史上的重大飞跃。在佛陀看来，"一切法皆是佛法"（《金刚经》），世间的一切学问都是佛法深邃智慧的应机开显。正因如此，佛教通过跟各种文化的交流与碰撞，才能够不断地增益自身的光辉，结出累累的智慧硕果。

佛教在传播过程中尤其重视与当地的知识阶层与文化精英

的接触与交流，在他们的参与之下，容易形成适合当地文化的佛教传统，这是佛教本土化的宝贵经验。《善见律毗婆沙》中提到："若师子国人中出家，其父母悉是师子国人，不杂他国人；若出家已，便取法藏及毗尼藏，是时然后，佛法根株着师子国也。"（卷第三）这种自上而下的传播方式有利于社会的和谐稳定。

佛教提倡慈悲与智慧的圆融，把宇宙万物看作相互依存、彼此观待的整体网络。人类之所以难以和平共处、相互尊重，正是因为各式各样的"中心主义"为自他之间设下过多的界限。而弘扬佛法正是要消除这些不必要的界限，实现人类共同的福祉。

信心与文明——佛教徒在
当代社会的使命 ^①

一、无明烦恼是人类危机的总根源

人类几千年来追求幸福的历程充满了艰辛困苦，而人类的幸福却一再被自身的创造物所破坏。自从进入现代文明以来，人逐渐被异化、物化、工具化、空壳化、符号化、数字化，给人的本来面目蒙上了一层层厚重的尘垢。

幸福与否根本上取决于人类自身，而非外物。人类所遭受的一切痛苦和不幸全部来自于自身的无明烦恼，在其支配之下的所有行为，都必然是引发未来痛苦的直接原因。现代文明扩充了人的力量，激发了人的才智，却遮蔽了人的心性，毫无对

---

① 本文为 2012 年 10 月 22 日，学诚法师在第十五次中韩日佛教友好交流（日本横滨）会议上作的中国佛教代表团基调发言。

治无明烦恼的良方。"人的解放"最终演变成为"烦恼的释放"，自私自利的欲望极度膨胀，人类在亲手建立现代文明的同时，也亲手埋葬了幸福前景。

无明烦恼的根源在于顽固的自我中心意识，最主要的三种表现分别是贪婪、瞋恨与愚痴。

1. 由贪婪产生的经济危机

投机资本脱离了生产行为而唯以高额利润为追逐目标，"不劳而获的财富"被圣雄甘地（Mahatma Gandhi）列为"七宗罪"之一，形象地揭露出投机资本的深刻本质。当这种没有真实财富支撑的资本以指数形式无有止境地迅速增殖，越来越多的货币就从实业领域转向投机领域，必然导致实体经济的有效需求不足，因而迫使货币不断增发，不可遏制地推动各类资产泡沫形成，直至最终爆发毁灭性的通货膨胀，这便是当今全球经济危机的根本症结。

2. 由瞋恨产生的安全危机

人们往往以为只有掌握强大的军事力量，才能保障自身安全。这种依靠武力威慑建立的和平，与其说是安全，不如说是"恐怖"，因为它所体现的是一种"以别人的恐惧来保证安全，通过恐吓甚至毁灭别人来保全自我"的暴力主义逻辑。今天，这种逻辑更演变出"为了达到报复的目的不惜同归于尽"的恐怖主义形式，给人类的集体安全造成严重威胁，非传统安全形势愈加恶化。

3. 由愚痴产生的技术危机

人类刚刚挣脱了宗教偏执的魔掌，又急忙投入到科技崇拜的怀抱。人们以为拥有科技便拥有了主宰一切的力量，纷纷向其膜拜，但祈求的却不是自身的福祉，而是摧毁同类的可怕武器。人类愈加漠视地球母亲与其他生物的存在，想把自然界完全按照自己的意愿改造，似乎只要有了科学技术，一切都将化险为夷、水到渠成。

资本、暴力、技术三股势力相互激荡，在内心烦恼的怂恿下，给人类社会造成严重的动荡不安。现代文明发展到今日，宛如歌德笔下的"浮士德博士"：为了获得更多的力量，不惜向魔鬼出卖自己的灵魂，就在他陶醉于壮丽的幻想、等待伟大时刻到来的时候，魔鬼却早已为他掘好了坟墓。

二、现代文明无法克服烦恼的原因

现代文明主要成长于西方文化的土壤。主客二元、理性至上、功利主义既是西方文化的根本特征，也是现代文明无法克服烦恼的文化症结，更是助长贪瞋痴烦恼的深层因素。它们最终导致个人中心主义与人类中心主义，愈加强化了人类内心的根本我执。

1. 主客二元——无法认知烦恼

对治烦恼，首先要正确认识烦恼。认识包括对外与对内两个向度，前者是主体对客体的认知，后者则是主体对自身的认知。对内认知要基于主观体验，而主观体验具有随意性和不稳定性。由此西方文化转而着重发展基于主客二元的对外认知模式，尤其体现在其哲学传统和科学传统。

16 世纪以来，对人类认知能力的探讨（即认识论）占据了西方哲学的中心，形成了经验论与唯理论两大流派。无论是前者强调的感性经验，还是后者看重的理性推理，都是对外认知的方法，不足以体察内心世界。康德虽然以先验哲学对两者作出了融合与超越，但仍然没有跳脱主客二元的窠臼，没有解决对内认知问题。

西方的科学传统发展了丰富的观察测量手段，这也反映在探索人类心灵现象的心理学领域。被称作心理学两次重大转折的行为主义心理学和认知心理学，分别将人的行为表现和大脑活动作为认知对象，但也只停留在外部描述的层次，无法阐明心理活动的实质。

20 世纪初，西方文化中的非理性主义迅速崛起，产生出意志主义、生命哲学、存在主义、弗洛伊德主义等诸多流派。

尽管它们在人的内心领域上有一些探索，但是将主观体验绝对化、片面化，也没有找到对内认知的有效方法。

2. 理性至上——难以管束烦恼

西方文化的道德观秉承深厚的理性主义传统，认为理性是人类至高无上的天赋，主张运用理性制约乃至消除情感、欲望对人的不良影响。苏格拉底提出"美德即知识"；亚里士多德认为美德是一种可以通过训练获得的技能；康德提出"实践理性"；把道德设定为绝对律令。

不过，理性虽然能够对情感和欲望做出合理与否的区分，却不能驾驭情感和欲望的生灭。斯宾诺莎（Baruch Spinoza）说："人类最无力控制的莫过于他们的舌头，而最不能够做到的，莫过于节制他们的欲望。"（斯宾诺莎，1997年）休谟（David Hume）说："理性是、并且也应该是情感的奴隶，除了服务和服从情感之外，再不能有任何其他的职务。"（休谟，1996年）表面上被理性压抑的情感并没有消失，而是在人内心中积蓄、恶化，甚至导致心理疾患。

当人们被恶念、恶欲控制的时候，理性反倒成为助纣为虐的得力帮凶。人类很多愚蠢行为正是出自"理性"的指导，如博弈论中的"囚徒困境"，双方谋求自身利益最大化的理性行为，却导致了非理性的两败俱伤。历史上曾经大行其道的军备竞赛、恐怖平衡，都是恶欲滥用理性的可怕后果。

理性至上还助长了人类的傲慢和狂妄，催生出强烈的人类中心主义倾向。如有的观点认为：理性是人类优越于动物的根本特征，故不把动物纳入道德考虑范围，为了人类的利益就可以随意牺牲它们；乃至整个自然环境都是人类的私有财产，可以任意支配和挥霍。

3. 功利主义——姑息纵容烦恼

功利主义的伦理观，承接古希腊快乐主义与启蒙时期经验论，认为判断一个行为道德与否，只看它的实际效益，而不必考察其真正动机。只要这种行为最终能够增进社会福利，即便动机完全是自私自利的，也被认为合乎道德。要使经济繁荣，就应该纵容人们的物质欲望，放任贪婪与挥霍的行为，甚至认为人类的邪恶欲望才是社会进步的主要动力。曼德维尔（Bernard Mandeville）便宣称"私人恶德即公共利益"，"倘若人类能够医治其出于天生邪恶所犯下的错误，那么，人类便不再能够生存于如此庞大、有效而文雅的社会中。"（曼德维尔，2002 年）

功利主义极大促进了资本主义的迅猛发展，但也急剧侵蚀了人类良知与社会道德的底线。一系列病态、丑态、变态、恶态的社会现象，皆在功利主义中找到了"存在即合理"的依据，真伪、善恶、美丑的界限因此而模糊。正如尼采（Friedrich Whilhelm Nietzsche）所说："左右逢源而毫无罪恶感，撒谎而'心安理得'，毋宁说是典型的现代特征，人们差不多以此来定义现代性。"（尼采，2009 年）

功利主义的根本错误在于，把社会福利简单地理解为物质性利益，没有看到精神性价值的扭曲和退化给整个社会造成的巨大伤害。显而易见，假如人类文明的一切价值都不过是罪恶人性的衍生物，那么这样的文明怎么可能引领人类走向真正的幸福呢？因此我们必须重新审视人类文明的意义和方向，果断规正人类社会的前进轨道。

三、心文明——人类文明之新境界

不解决人类的烦恼问题，就不可能找到人类文明的根本出路。烦恼是人心的问题，归根结底是"信心"，也就是人类不相信自己内心的能力与潜能，只相信外在的物质力量和技术手段。因此，如何建立坚固的自我信心是人类的当务之急。

"信心"即相信自心，而不是相信自力或相信自智。古代农业社会以人力（即体力）为最宝贵的资源，"有人此有土，有土此有财"（《礼记·大学》），其价值主要体现在开垦土地和扩张领土。近现代工业社会，机器取代了人力，人脑（即智力）成为最宝贵的资源，其价值主要体现在发展科技和实施管理。当代信息社会，电脑逐步取代人脑的趋势已经出现，人的智力优势以后可能不复存在，那么人心将是最宝贵的资源，其价值主要体现在革新文化和提升道德，人类社会也将进入一个全新的发展阶段，这就是"心文明"。

在"心文明"阶段，社会进步将始终围绕人的需要，与人的生活紧密结合，更加注重人的心理感受和精神价值。正如佛陀不去回答那些与人生苦乐、与实现自身生命价值无关的问题一样，人类文明也不应该去做无谓、无关、无效的发展。

心文明意味着一场人类自我的革旧图新，一次精神生命的脱胎换骨。笛卡尔（René Descartes）说："人总应力图战胜自己而非战胜命运，改变自己的欲望而非改变世界的秩序。"（《西方大观念》）事实上，心的作用遍及于人力、人脑、人心三个时代而各有侧重。人力时代侧重于心力，人脑时代侧重于心智，人心时代则侧重于心性。梁启超云："人类能改良或创造环境。拿什么去改良创造？就是他们的心力。"（《饮冰室文集点校》）然而，如果心力、心智受到烦恼的操控，则又会产生莫大的破坏作用。谭嗣同云："此诸力者，皆能挽劫乎？不能也。此佛所谓生灭心也，不定聚也。自撄撄人，奇幻万变，流衍无穷，愈以造劫。吾哀夫世之所以有机械也，无一不缘此

诸力而起。天赋人以美质，人假之以相斗，故才智愈大者，争亦愈大。"（《仁学》）

人力时代尚武，人脑时代尚知，人心时代尚文。"止物不以威武而以文明，人之文也。"（王弼，《周易注》）"文"即是文化，文化是涵育人心、发扬心性的主要途径。心文化是心文明的主要特征，是人类战胜烦恼的重要法宝，具有三个特点：

1. 内明之学

内明之学是一套系统有效的对内认知方法，因为只有清晰的体察内心状态，准确地把握烦恼相状，才可能提起警觉、消灭烦恼于萌芽。佛教的止观法门便是认知内心的完整体系，先让内心安住于宁静祥和状态，不受散乱念头的干扰，令心的觉照能力更加敏锐，然后再以智慧思维法义，断除烦恼的根源。

心的认识包括心相和心性两方面。心相即是心之相貌，法相唯识学归纳出 51 种心所法（即心理状态），并详细分析了每个心理状态的性质功能和相互关系。心性即是心之体性，禅宗倡"立心为宗""即心即佛"，天台宗扬"一心三观""一念三千"，直探心性本原，儒家学者朱熹主张"性者，心之理也；情者，心之用也；心者，性情之主也"（《元亨利贞说》），可谓异曲同工。

以佛教为主要代表的东方内明传统，正在世界各地取得广泛承认和欢迎，其静心、禅坐等方法被证明具有实际功效，获得了很好的社会反响，并引起现代心理学界的高度重视。

2. 育心之学

理智能够辨识但不足以抵消烦恼，要想对治恶欲，就必须发起更强大的善欲。冯友兰言："理智无力，欲则无眼"（《三松堂全集》），反之可知"理智有眼，欲则有力"。人的情感和欲望具有善恶的两面性，第一步应该通过培养正知见与如理思维，正确区分善欲与恶欲；更重要的第二步则是努力培养善欲以战胜恶欲。

王国维曾将教育分为"心育"与"体育"，心育包括德育、智育、美育，以育成完全之人格。（《王国维文集》）董仲舒云："栣众恶于内，弗使得发于外者，心也。"（《春秋繁露》）佛教以心为首、以心为本，修习佛法便是一个育心的完整过程，具体步骤即是"闻→思→修"。闻、思，即是分辨心相善恶；修，即是培养内心的善法力量。佛法并不仅仅停留在名言概念的层次上，而是把重点放在唤起能够策动内心的直接动力之上。出离心即是出离自身无明烦恼的强大善欲，菩提心即是究竟利他的强大善欲，精进心即是追求善法的强大善欲。

育心就是培养人的善心、善欲、善愿，是贯穿整个生命的终身学习。善愿是善心、善欲的更高层次。有正见而无大愿，就如同一只瞄准靶心而力度不够的箭。只有发广大心、发广大愿，才有希望实现人生最大价值。

3. 美善之学

判断一个行为的善恶，不能仅看它的结果。评价一种现象是否有利于社会，也不能仅看它所带来的物质利益。人的一切行为最初无不发自于心，最终无不反馈于心。人类的幸福追求不仅仅体现为创造丰富的物质财富，更体现为迈向更高的精神境界。只有发扬人性光辉的正面价值，才能消除物欲泛滥的负面影响。

真、善、美是人类精神价值的高度浓缩，也是人心中知、情、意三方面的提升方向，认知求真，情感求美，意志求善。东方文化传统认为，美与善是统一的，美与恶是对立的，倡导人们从对五欲的愉悦升华为对善法的愉悦。如孔子"里仁为美"，"尊五美，屏四恶"，视"尽美尽善"为最高境界，孟子以善之"充实之谓美"，荀子则提出"美善相乐"。

佛教认为，善与美是因与果的统一，美是善的结果，善是美的原因。一切的美好境界都由善心、善业感得。美又被称为"庄严"，包含具德、交饰二义。故善与美还是内与外的统一，美是善的表现，善是美的内涵。

四、佛教徒的使命

我们有理由相信，以心文化弥补现代文明之失，将开启人类文明的崭新篇章。当我们对人心具有更全面的认识和把握，对人类的未来也就有了更多信心和希望。

佛教徒所肩负的使命，不仅是对佛教自身，更是对人类、对众生的使命。"人有三事胜于诸天：一勇猛，二忆念，三梵行"（《阿毘达磨大毘婆沙论》卷第一百七十二）。人类的能力不仅在于能够自我解脱，更在于解脱众生。谭嗣同云："以心挽劫者，不惟发愿救本国，并彼极强盛之西国，与夫含生之类，一切皆度之。"（《仁学》）

佛教徒应以慈善的义举化解人类内心的过分贪求，使经济财富摆脱无义的投机，能够更多地回馈于人类的整体福祉；佛教徒应以团结的精神突破人类内心的相互猜忌，彻底消除武力对峙的僵局，以情感的沟通取代彼此的敌意；佛教徒应以善巧的智慧突破人类内心的科技迷思，意识到人类与地球上的一切生物同属一个息息相关的命运共同体，珍爱生命如同胞，珍护自然如家园！

III 章前语

现代社会因为科技、商业、物质的主导作用，人内心的力量、心灵的力量越来越脆弱，变得没有能力去查找问题。

我们的心时时刻刻都会受到外在环境的左右，不知不觉，自己就找不到感觉，自我的意识慢慢就没有了，自己更不知道要怎么做、怎么走，就会迷茫困惑。

佛教有一套严格的传承体系，它的思想理论、实践方法、修证果位，是对社会众生的一种关怀。现代人压力很大，焦虑、忙碌、身心不和谐，需要靠佛教慈悲、宽容的心和智慧的抉择去指引。

修行不仅仅是念经、磕头、念佛，换句话来讲，念经、礼拜、念佛，是修行的一种方式，目的是要对治我们的散乱心、分别心、狂妄心、贪婪心，这是很重要的。

人的内心越来越清净、善良，每个人的心灵都能够敞开，才能有更大的发展。

佛教要解决的问题是人的内心问题，是内心如何来面对、认识、服务现实世界，而不是用佛教的理论来解释客观世界。所以它是一门心学，它的学问是向内的，而不是向外的。

我们每一个人生命的原动力就是要靠信心和善法欲，用世俗的话来讲就是愿欲。这种愿欲会促使一个人成为好人，也可以促使一个人成为坏人。

世人常以农夫以身体温暖冻僵的毒蛇而被毒蛇咬死的寓言批评滥慈悲，其实慈悲善心是绝对可贵的，只是方法还要得当，即还要有智慧善巧。要认识众生的烦恼恶习，更增慈悲之心，同时还应采用善巧的方法，并适当保护自己。

修学佛法，践行慈善，以此净化身心、利益人间，便有人间佛教的呈现。

以佛法营造美好人生 ①

　　大家来到寺院，想必都会有一种肃然起敬的感觉，都会有一种虔诚的心、恭敬的心。为什么来到寺院里会有这样不同于到其他场所的心理状况呢？因为我们外在的环境不一样，氛围不一样。寺院不同于社会上的公共场所、娱乐场所的氛围，寺院里一直以来都有很多人在修行，有出家的法师，也有居士。虽然在历史上也发生过灭佛的事件，像我们常常听到的"三武一宗"灭佛等，但是再怎么灭，还是没把佛教灭掉，现在信佛的人反而越来越多。我们所有的风景名胜区，几乎都有寺庙，都有流通处流通佛法，也可以请到佛像。目前我们国内也有很

①　本文发表于中国佛教协会会刊《法音》杂志2007年第3期(总第271期)。

多的企业和艺术家，不断地在制作佛像，并且都很有规模。

现在，我们的社会越来越开放，宗教信仰也很自由，物质生活也比较好了，所以大家开始追求精神领域的提升，需要有一个真正意义上的信仰。宗教信仰，尤其对佛教的信仰，是最为稳妥、最为安全与可靠的，也是最容易被中国人接受的信仰方式。佛教已经在中国流传两千多年，已经同中国社会的方方面面融为一体。虽然佛教发源于印度，遗憾的是过去很多印度人反而不知道佛教，甚至不知道历史上有释迦牟尼佛。后来他们怎么了解到呢？是根据中国的玄奘大师、义净大师、法显法师等西行求法的高僧写下的《大唐西域记》等著作。《大唐西域记》等被翻译成外文以后，他们再慢慢考证，通过考古发掘得到验证，原来在印度历史上确有释迦牟尼佛，佛教确实在古代印度广泛传播。

反而，在佛教传入中国后的漫长岁月中，在各个历史时期，各个社会阶层，中国人都知道有佛、有观音菩萨等。更多的平民百姓，他们根本不知道释迦牟尼佛是印度人。也就是说，在我们中国善男信女们的头脑里，佛是没有国界的。实际上，佛确实是没有国界的，他不受时空范围的局限，只要你信仰他，都能够得到佛菩萨的加持和护佑。现在很多西方人也信仰佛教，如欧洲人、美洲人、澳洲人，甚至非洲人。佛教传入世界各国，为不同民族所接受，这充分体现了佛教大慈大悲、普度众生的宗教情怀。

我们过去对宗教、对佛教，会有一种片面、负面甚至错误的看法。当然，现在的社会舆论也已经注意到这个问题，在提倡构建和谐社会时，要求宗教界在维护社会稳定、构建和谐社会方面发挥作用。发挥什么作用呢？就是宗教对世道人心有益的作用，要把这种好的作用发挥出来。这样的话，从整个社会环境来讲，对佛教信仰的接受与传播，将会越来越好。

我们来到寺庙，更多的人对寺庙，对佛菩萨，对出家的法师，是非常陌生的。长期以来我们受到的是诸如小说《西游记》、电影《少林寺》以及其他影视作品的影响，这些影视作品传达出来的更多是一些似是而非的东西，因为这些都是演员演出来的，没有根据出家法师的指导，没有经过佛教界的认可。大家先入为主，接受了这样的观念以后，本来对佛教、寺庙、出家人就不了解，在接受这些非常负面、片面的观念以后，对佛教的误会也就越来越深，误解也就越来越多，不知不觉就形成了一种观念，认为佛教与社会格格不入，出家人只是敲敲木鱼念念经，是很消极的等等。诸如此类的问题越来越多，再加上现在是商品经济时代，佛教寺庙也受到社会各种各样思潮的冲击，受到商品经济的冲击，寺庙里也很不容易保持一方净土。因为寺庙本身也是社会的一部分，它和社会人群息息相关。在这样一个时代背景、这样一个特殊因缘下，人们要认识佛法的本质，是非常不容易的，能够领会到佛法的真正内涵，要具足很大的善根福德因缘。因为信仰佛教，更重要的是精神上的追求，精神上的境界，超凡脱俗以后的感觉，用佛教的话讲，就是净化人心——人心完全都是清净的，完全超越是是非非、恩恩怨怨后的空灵的境界，空性的境界。

在印度，有一位居士很有名，叫作维摩诘居士。他在佛法上的成就很高，在释迦牟尼佛在世的时候，比有些出家法师的成就还要高。唐朝的时候，也有一位号称是"中国维摩诘"的居士，他的名字叫庞蕴，这位居士也非常了不起。他天天参悟佛法，后来觉得自己功夫已经很好了，有一定条件了，于是开始遍访名师。他听说在江西有一位马祖道一禅师，禅定的功夫很高，对佛法非常有境界，这位庞蕴居士就发心到马祖道一那里去参拜。参拜的时候，这位居士提出一个问题说："不与万法为侣者，是什么人？"万法，就是万事万物，包括所有的人、社会和自然，也就是说不同世间这些现实的人和事物作朋友的人，是什么人？换句话讲，不同于凡人的人，是什么人？马祖道一就回答他说："待汝一口吸尽西江水，再与汝道。"意思是说如果你能够一口把西江里面的水全部喝尽，再告诉你这个答案。一般人没有那么大的气魄，也没有那么大的心量跟肚量，一口能够把西江里面的水全部喝进去。但是庞蕴居士就在马祖道一的这个答案下，大彻大悟。他在马祖道一的道场里面专门修行两年，之后他就把自己所有的财产都扔到江里不要了，带了他的家眷到山里面专修，最后成就非常高，有很多他的语录流传于世。

这也就是说，一个人在学业、事业有成之后，人生的归宿是什么？人生的追求是什么？维摩诘居士在印度是一个很有成就的人，庞蕴居士在中国也是一位很有成就的人，他们最终都选择去修行，这就关系到对修行的正确认识问题。修行不仅仅是念经、磕头、念佛，换句话来讲，念经、礼拜、念佛，是修行的一种方式，目的是要对治我们的散乱心、分别心、狂妄心、贪婪心，这是很重要的。

我们如何来认识、来对治内心当中的问题？我们可以看到，对于世间的东西，比如财富、物质、名位等身外之物，大家喜欢去追逐。用世间的标准来讲，这是一种成就。在过去，如果你是贫下中农，越穷越好，身份自然也就会比较好。现在可就不一样了，人的观念发生了很大的变化，不少人会认为越富越好，越有钱越好，越有钱越能说明这个人有能力，越有钱越体面。这是因为在不同的时期，社会有不同的价值判断标准。但是你所拥有的物质财富，一方面可以说是你自己努力创造出来的，但另一方面，在我们创造、得到这些财富的过程中，是怎样得到、怎样创造的呢？在得到和创造的过程当中，是不是有损人利己的行为和动机？如果根据佛法的原则来讲，要自利利他，如果自利损他就是不对的，不能给别人造成损失，更不能去害人，用现在的话说就是要达到双赢，大家都能够得到利益与好处。实际上我们在经营的整个过程中，更多的时候只是考虑到一方的利益，而不会去考虑到顾客，不会考虑到社会更多的人，不会考虑到国家。这样做怎么可能找到平衡点呢？在不损人、不害人的前提下，又能够在国家现有的法律法规政策环境下去经营事业，就显得非常重要了。

经营事业其实就是经营自己的人生。看一个人的成就不仅仅是从他的物质拥有量来判断：不少人钱赚很多的时候就会出问题，然后破产，这个原因就是人的贪欲在作怪。也就是说，如果拼命地用种种方法去掠夺财富，就说明人的贪欲在扩大，贪婪的欲望在起作用。我们得不到的时候，就会采取种种手段、谋略加害于人，用佛法的观点来看，就是瞋心；如果看到别人得到财富，看到别人在进步、被提拔、有好的职务等，我们自己内心就会难过、不好受，根据佛法的观点来看，就是嫉妒心在起作用；自己比较有能力、工作比较好、家庭比较好，就会觉得别人较差，别人不如我们，别人怎么会那样差劲，根据佛法的观念来看，就是一种慢心；在现实生活当中，常常不知道自己何作何为、何去何从，不知道怎样同别人打交道，与人相处，与人为善，不知如何下手，根据佛法的观念来说，就是无明、愚痴。这些都需要靠佛法的智慧来净化。所以更应该从精神层面来看，刚才我所谈到的这几种内心的问题，用佛法的话来讲，就是烦恼。这些烦恼如果得到净化以后，通过我们个人的努力，我们能够得到多少，就是自己的成绩、自己的因果了。如果得不到，内心也不要瞋恨于人，也不要不好过；自己比别人好，也不要去轻视别人；别人比我好，也不要觉得不如人，不好受。这样的话，我们就有了平等心、无分别心，我们内心就能够找到自我平衡的办法，就不容易受到外境、别人、物质环境的负面影响。不然，我们的心时时刻刻都会受到外在环境的左右，不知不觉，自己就找不到感觉，自我的意识慢慢就没有了，自己更不知道要怎么做、怎么走，就会迷茫困惑。这是当代很多人所遇到的问题，他们总是处于迷茫、困惑、彷徨、无助、无奈等状态，久而久之，人就成了一个亚健康的人。这样，自己的生活就越来越缺乏乐趣和方向，没有能力去认识自己的问题，没有能力去反省自己的问题，更谈不上如何来改进自己的问题。

现代社会因为科技、商业、物质的主导作用，人内心的力量、心灵的力量越来越脆弱，变得没有能力去查找问题。如果你想在社会上有所成就，能够紧跟社会发展的步伐，自己就要拼命地努力工作。久而久之在这样的大环境里，人就会活得越来越累。你拼命地工作，虽然生活条件得到了改善，但内心当中的幸福和快乐，反而离自己越来越远。天天工作，就没有时间和自己的亲人在一起，没有心思来享受天伦之乐，来享受自然环境与社会环境的优美。也就是说自己所创造出来的物质，自己没有心思去享受它，更不要说我们内心的境界与功夫了。因为我们所有的心都用到物质层面去了，不知不觉，自己的心就成了物质的奴隶，也就是物质主导了我们的心，而不是以自己的心来主导物质。当然佛教不是一般意义上所认为的唯心主义，佛教谈的是缘起论，心和物是平等的，最终都能够用空性来解释与会通。

如果心变成物的奴隶，是很痛苦很悲哀的事。怎么办呢？不是说我们不去创造，不去努力，不去追求，而是说我们在努力、创造、追求的过程中，我们所遇到的问题，如何来面对与解决，内心的创伤如何来弥补，内心的困惑如何来破除。从而能够对自己的人生充满信心，对自己的未来与前途越来越感到有希望。

首先要认识到，自己生活在世间，对世间是一个有作用的人，是一个能给别人带来幸福和快乐的人，是一个对别人有帮助的人。更进一步来讲，与自己所接触到的人，比如与自己同一单位的人、同一部门的人、同一企业的人相处，你如果是主管的话，应该要有恩于大家，有利于大家，有助于大家，这样下面的员工，跟我们相处的人，才会觉得我们的主管，我们的上司，我们的负责人，对我们有恩、有利、有帮助，自然而然大家都会拥护，感恩戴德，听话服从。如果反过来，带头人自己也会很痛苦，觉得手下这些人不可靠，不值得我信任；下面人也一样会觉得，上面领头的人，都是自私自利、不顾大众利益的，久而久之也会背叛。这样，我们整个人生的方向就没有了，我们整个的环境就不和谐了，问题就会百出，要做的事就干不成。所以，我们在一个单位里面，只要有人的地方，肯定会有问题，会有矛盾，会有烦恼。我们要净化自己内心的烦恼，解决自己内心的问题，以及要同我们相处的人、自己周围的人、跟我们息息相关的人，跟我们利益相关的人改善关系，作为一个非常重要的问题去对待与解决。这样慢慢把这个问题想通了，这个问题得到淡化了，其他的工作自然而然也就会越来越好做，事业也就会越来越有成了。

吸纳佛教智慧　维护内心和谐 ^①

　　北方的 11 月，已经充满寒意。地处凤凰岭山脚的龙泉寺，夜里一片清寂，抬头能看见天空的星星。北京城的灯火隔了远远的一段距离，看上去像另外一个世界。

　　约定采访时间，赶到龙泉寺已经是夜里 8 点。学诚法师平和从容地在会客室接受了我们的专访。对于每个问题，法师几乎都是不假思索，似乎这些问题已经在胸臆间盘桓已久。

　　记者：您最近在全国政协主席贾庆林接见全国宗教团体领导人研讨会上，提出"佛教走向社会，融入社会"，人们应该怎样理解这句话？

---

① 　本文发表于中国佛教协会会刊《法音》杂志 2007 年第 3 期（总第 271 期），原有副标题"专访中国佛教协会副会长兼秘书长学诚法师"。

学诚法师：宗教有走向社会的基础。第一，它有信仰内涵和思想理论基础；第二，它有社会实体结构，比如宗教团体、寺院；第三，它有文化产品，比如书刊、杂志等；第四，它有出家的僧众和在家的信众等。佛教有一套严格的传承体系，它的思想理论、实践方法、修证果位，是对社会众生的一种关怀。现代人压力很大，焦虑、忙碌、身心不和谐，需要靠佛教慈悲、宽容的心和智慧的抉择去指引。

记者：您与企业家接触多吗？在佛教走向社会的过程中，如何看待企业家这个群体？

学诚法师：改革开放，经济发展，企业家越来越多，我接触的企业家自然也就越来越多了。现在，企业家的素质越来越高，影响力越来越大，社会地位越来越稳定，由此形成的企业文化也越来越趋向成熟，这与国内很多企业的发展壮大是紧密相连的。

佛教发展需要各方面的力量。首先需要群众的参与、互动，同时也需要企业界、文化界等社会各界的关心、支持和帮助。社会很大一部分物质财富由企业家直接掌握和支配，这种财富成为一种变革的力量，对社会发展的影响越来越显著。

记者：目前企业界不少人推崇"自由竞争、适者生存"

的社会进化论观点，强调"狼文化"，而佛教提倡平等、宽容、忍耐等诸多美德，您作为佛教界的高僧大德，怎么看待这种冲突？

学诚法师：一部分人对"狼文化"的崇拜，能否代表整个企业界和社会的主体，值得进一步商榷。从佛教的角度讲，做一件事情有它的目的，做人也有目的。企业要营利无可厚非，但是单纯追求利润、产值和财富，不够全面，还要关注人性，追求人的全面发展。人的内心越来越清净、善良，每个人的心灵都能够敞开，才能有更大的发展。如果企业里的每个人都将物质利益最大化作为追求目标，就容易造成不顾一切的后果，这是很危险的。企业文化不能以物质利益笼罩一切。我们是人，而人就要有智慧、有人性，应该以一颗宽容、慈悲的心，以更加积极、健康的心态服务社会、造福人群。

记者：您认为，佛学作为传统文化的重要组成部分，企业经营管理可以从其中汲取哪些营养？

学诚法师：现在有一种"白领修行"的方式。在企业工作的人，一直处于极度紧张的状态，辛苦、忧虑、身心不和谐，有必要定期进行精神的调适。这种调适在企业环境中很难实现，而寺庙的环境、佛教的修行方法是一种很好的选择。西方国家以及日本、韩国等，企业经营管理者从寺庙里得到过很多借鉴，其做法也相对比较成熟，而国内却刚刚开始，这要有个过程。要逐渐接触、慢慢了解佛教，消除对佛教片面、负面甚至错误的看法。

记者：有许多迹象表明，"国学"正在重振，"国学"已经成为企业界、学术界比较流行的一个概念，您认为佛学在"国学"中处于一个什么地位？

学诚法师：佛学是中国传统文化的一个重要组成部分。它的思想最为精粹，理论最成体系，经典著作浩如烟海。相比儒家、道家等诸子百家而言，佛教经典无论从数量还是内容，有过之而无不及。另外，它有很多寺庙作为文化载体，有很多法师、信徒传承发扬，因此经久不衰。

鸦片战争以来，"国学"的影响力逐步下降，现在要完全恢复到过去的水平是极其困难的。第一，西方文化在社会上的影响越来越明显；第二，缺少过去那样的书院，没有足够的人才培养场所；第三，现代商业社会里，利益关系贯穿一切，传统伦理观念面临着很严峻的冲击。

传统社会是一个静态社会，科技、交通不发达，一个村庄的人基本是一个群体，人与人之间的关系很紧密，而现代社会却是一个动态社会。因此传统文化的重振，仅靠单一力量是不够的，需要多种力量的融合。通过儒家与佛教等多元文化的相互融合，才能重建中国伦理道德的完整体系。

伦理是社会最为坚实的基础，它表明人与人之间到底存在一种什么关系。"和谐"的观念很好，每个事物都有自己的个性，但也能够包容不同个性的事物，吸纳不同的文化，甚至不同的价值观。异中求同，同中存异。

记者：佛教在重振"国学"的时候，能做些什么事情？

学诚法师：重振"国学"，佛教大有可为。最简单的，比如佛教徒的生活方式——在寺院里吃住、每天早晚课读经书等，是最符合中国传统社会的一种生活方式。一种文化是否有活力，体现在它能否生活化。可以说，传统的生活形态，佛教寺庙里保持得最好。

老实认真　法住法位 [①]

王鲁湘：学诚法师您好！首先，谢谢您接受凤凰卫视的采访。今天北京应该是四九天，非常寒冷，但是今天这个日子风和日丽，阳光灿烂。凤凰卫视来到凤凰岭下的龙泉寺，应该说是有一种凤凰归巢的感觉了。我想请教大和尚：凤凰岭下这个龙泉寺大概建于什么年代？

学诚法师：龙泉寺兴建于辽代，距今有一千多年的历史了。

王鲁湘：是一个千年古刹了。

学诚法师：可以这么讲。

王鲁湘：这座千年古刹因为是在北京的近郊，过去香火应

① 本文为2008年1月26日，学诚法师接受凤凰卫视"文化大观园"采访录，之后发表于中国佛教协会会刊《法音》杂志2008年第3期（总第283期）。

该比较兴旺吧！

学诚法师：过去凤凰岭整个山上，随处都是修行的场所，有山洞、寺院，等等。

王鲁湘：这些修行场所过去有很多吧？

学诚法师：非常多，现在都还能看得到。

王鲁湘：那么龙泉寺是在什么时候不再作为佛教活动场所呢？

学诚法师：抗战时期就被日军炸掉了，解放后才逐步修复。2005 年 4 月北京市正式将龙泉寺开放为宗教活动场所。

王鲁湘：才两年多一点，不到三年。据我所知，北京市这么大的一个海淀区，正式开放的佛教活动场所好像就是龙泉寺吧？

学诚法师：在海淀区是唯一的。

王鲁湘：这让我有点吃惊。因为我过去长期生活在海淀区，在北大。我知道在海淀区还有其他宗教的一些活动场所，比如有不下一两所天主教教堂。但我却是第一次知道，龙泉寺是第一所正式开放的佛教活动场所。那么以前那么多年一直没有一所对社会开放的佛教活动场所？

学诚法师：在海淀区，天主教、基督教、伊斯兰教的教堂、清真寺都有。佛教的寺院以及道教的宫观都是近年来开放的。过去由于各方面的原因，佛教在全国各地的发展，总体来讲不是很平衡。比如说在福建、广东，相对来讲就比较兴旺。

王鲁湘：对。我去过沿海一些省份，像江苏、浙江、福建、广东，这些经济比较发达的地区，过去佛教活动有历史传承的地区，现在佛教复兴的势头都非常好。庙宇重光，信众广大，香火也很旺。相对来说，好像北京及周边地区相对冷清一点，是吧？

学诚法师：不过近几年也慢慢开始有了改善，尤其是北京市有关领导也在大力推动这方面的工作。2008年北京要举办奥运会，奥组委在奥运场馆里面还开辟了临时的宗教活动区域。龙泉寺有四位法师届时将为奥运会当义工，为运动员、教练员和有关观众、体育爱好者、新闻媒体记者提供宗教服务。

王鲁湘：这倒是一个很好的消息。其实海淀区是中国知识分子密度最大的一个地区。在知识分子云集的地方，精神生活当然需要有一种导引。那么在海淀区这个地方，龙泉寺的复兴可以说为佛教的重光、复兴，建立了一个很好的基地。那么到龙泉寺来的信众是不是知识分子也比较多？

学诚法师：海淀区不仅仅在北京市，甚至在全国、全世界来讲都是人才最密集的地区之一。所以龙泉寺恢复为宗教活动场所的时候，有关方面就向我们提出要求：寺院里的法师一定要是高素质的，这样才能够适应区位特点。所以来寺院的善男信女，这些佛教徒的知识水准相对来讲也比较高。

王鲁湘：正因为如此，所以像您这样一位年轻有为的法师才会到这里担任方丈。我知道，学诚法师现在是中国佛教协会驻会的副会长兼秘书长，而且您是国内几所名寺的方丈。但是我今天来到龙泉寺，发现寺院建筑、硬件设施等方面的条件，和其他一些地方的名山古刹来比，应该说还是相对要差一些，好像规模也不是很大，但能有像您这样的法师来主持这里的工作，我想一定是因为有关方面看到了龙泉寺所在地位的重要性。

学诚法师：佛教讲因缘。因缘成熟了，想推脱也推脱不掉；因缘不到，要强求也强求不来。两年前我来龙泉寺，是有关方面把所有手续都办好了请我来，可以说是不劳而获。（笑）

王鲁湘：您看啊！您现在兼任福建莆田广化寺方丈、陕西扶风法门寺方丈，您又是中国佛教协会副会长兼秘书长，那么多日常工作需要您去打理，您还兼任这里的方丈——这个地方现在可以说是百废待举。那么在这么多的职务中，您对龙泉寺的关注，大概要分去多少心思和精力呢？

学诚法师：我觉得，国内的千年古刹、雄伟壮观的寺庙也不少。我来龙泉寺后就在思考：究竟寺庙应该怎样办，才能够走出一条既符合佛教传统规制，又能适应时代发展需要的路。很多寺庙长期以来都是延续传统的做法，比如"百丈清规"，它是一千多年前制定的一部规约，是在中国封建社会制定出来的，而现在的社会形态已经跟那时候大不相同。究竟如何管庙，如何制定规矩，如何培育僧才，才能使这些僧才既能够在寺院里安心办道，又能够有弘法能力来服务信众，还能够开展相应的慈善事业、文化事业。因此，对出家人素质的要求、能力的要求，以及对寺庙功能的要求，都要做比较深入的、多方面的思考。正是基于这样一些思考，所以我想在这里逐步做一点尝试。

王鲁湘：我知道您23岁就担任了福建莆田广化寺的方丈，那么年轻就把广化寺治理得井井有条，无论是道风建设、寺庙建设，还是僧才教育，各个方面都做得非常好，使广化寺成为中国三大模范丛林之一。在管理寺庙这方面您肯定有很丰富的经验，这也和您长期对寺庙管理的思考有关系。其实对于中国佛教界来说，我们都知道，由于历史上的诸多原因，尤其是经过"文化大革命"，可以说很多寺庙都已经不存在了，有些寺庙则是名存实亡。"文革"一结束，一切都开始随着整个中华民族的复兴大业而兴起，佛教的复兴大业也随之展开。佛教的复兴面临很多的问题，首先就是要恢复寺庙，其次就是要培养佛教方面的人才，然后还要培养社会民众对佛教的信心，还包括佛教界本身的道风建设、寺庙的硬件建设等等。那么在这些中间您认为要复兴中国佛教，最重要的、首要的工作是什么？

学诚法师：佛教在中国已经流传两千多年的时间了。佛教在中国为什么能够发展，能够壮大，并且因为中国高僧大德的努力而成为世界性的宗教？佛教是起源于印度的，但是印度佛教在 13 世纪灭亡以后，一直恢复不起来，我觉得这里边是有原因的。很重要的一个原因是：中国的高僧大德们，能够把佛教同中国的传统文化相结合，比如说儒家、道家文化。其次，能够很好地同中国社会的方方面面相结合，也就是调整了自己适应社会的角度，不断进行自我改善，这样，佛教也就影响了中国社会的方方面面。反过来说，中国社会也具有这样的一个包容度，善于接纳各种不同的文化，包括宗教文化——佛教文化、基督教文化、伊斯兰文化等等，它们都能在中国社会这块土壤中生根、发芽。佛教经过"文革"的中断，正在逐步复兴，僧才和道风建设应该说是最为关键的。僧才和道风实际上也是一个问题的两个方面，即是教职人员素质集中的体现。如果一个法师知道出家的意义和目的、出家应该要负什么责任，那么只要尽了自己的责任，把自己本分的工作履行好了，则就是"法住法位"——用世俗的语言来讲，就是当一名优秀的宗教教职人员。首先，佛教界要做的事情就是，对一个发心出家的僧人，或者说在寺庙里生活的僧侣们，应该让他有足够的时间和条件来学修，并且要有人按部就班地引导，这样才有可能培养出有较高素质的法师，才有可能担当时代赋予的重任。

王鲁湘：对！实际上，我们佛教说的三宝——佛法僧，要依于佛、依于法、依于僧。那么僧实际上是释迦牟尼这种精神在我们现实世界中一个活生生的体现。在僧的身上，其实我们看到了佛，看到了觉悟。所以在佛教三大语系中，像藏传佛教把出家人叫喇嘛，翻译过来就是"上师"，就是导师的意思，实际上是说出家做一个和尚，这个任务非常艰巨，就是要放弃世俗所有的欲望，包括世俗生活中种种人生的幸福，然后专心致志地培养自己成为一个人生的导师。也就是说，僧人应该是我们人生可以依止的导师。所以在这一点上，出家绝对不是逃避尘世间的烦恼、解脱个人所谓的烦恼这样一种避世行为，应该是一个非常积极的、主动的精神追求。我这样理解对不对？

　　学诚法师：出家是大丈夫的事情。过去讲"非大丈夫之所能为"，是说比大丈夫的境界还要高。为什么这么说呢？我们出家了，来到寺庙里，父母、兄弟、姐妹、家庭、事业、学业等等，所有一切世间上的成就都要放弃掉。为什么能够做到这一点呢？就是信仰的力量。信仰什么呢？信仰三宝。三宝告诉我们什么道理？告诉我们做人的道理。做人有什么道理呢？我们个人仅仅是人类当中的一员，现在全世界六十几亿人，个人只是六十几亿当中的一分子，这是从空间上来讲；人也不仅仅只有现世，还有前世和后世，这辈子仅仅是无限生命当中的一个阶段，这是从时间上面来讲。那么，我们怎样从无有界限的时间、无有边际的空间中，来体现生命的价值和意义？这就是佛教所要回答的问题。

　　王鲁湘：就是在这方面要成为一个明白究竟意义的觉悟者。

　　学诚法师：是的。人本身就是在不断探索真理、思索生命的意义。

　　王鲁湘：这也就是如天台智者大师所说的：众生有大勇猛精进。

　　学诚法师：是需要大勇猛精进的，没有大勇猛精进不能觉悟。我们每一个人生命的原动力就是要靠信心和善法欲，用世俗的话来讲就是愿欲。这种愿欲会促使一个人成为好人，也可以促使一个人成为坏人。人生下来本无善恶，就是看这种愿欲的导向。如果导向恶的一边，就成了恶人；导向善的一边，就成了善人。这个善的导向就是精进力。比如说，我们看到光明，看到太阳，看到大山，为什么能够看到呢？看靠的是眼睛。但是我们看到太阳，看到月亮，看到大山，这是一个过程，它不是我们看到的结果。反过来说，我们仅仅是凭借眼睛这样一个工具来做"观察"这件事，太阳、月亮、星星、大山，本来都是存在的，它们不是我们"观察"的结果，但是我们在现实生活当中，很容易把我们看到、听到的当成自己的结果，而忽略了它实际只是客观上的一种现象。这些都是宗教者所要思索的问题。

王鲁湘：我特别感到好奇的是，有一些大和尚，一些高僧，他可能要等到人生的经验阅历积累到一定的时候，才突然觉悟，发愿进入佛门，也就是我们经常说的半路出家。比如我采访过的净空老法师，他就是三十多岁才出家的，在此之前他一直就一些哲学问题在跟教授们进行学习；还有一些出家人，在年纪很小、自己还没有自主意志的时候，可能由于某些特殊的原因，就已进入佛门，然后一辈子在佛门中。那么像您的话，是16

岁的时候自己发愿出家的，这个年龄不大也不小，好像也没有什么特殊的情况逼迫您非要进入空门。所以我特别想听您谈一谈当年您的那种心情，为什么和同龄的很多人不一样，选择了进入佛门？

学诚法师：我的祖母、母亲是佛教徒。我母亲 20 岁开始吃素、念佛、做早晚功课。我从小在家就跟我的母亲念经、做早晚功课。我母亲让我拜佛念经的意思是说，多念经，多念佛、念观音菩萨，观音菩萨会保佑你聪明、读书会好，升学会好，以后各方面才会比较顺利，于是我天天念经，看佛经。我也常常会到附近寺庙去参加一些宗教活动，慢慢就看到玄奘大师的传记，觉得玄奘大师非常了不起。那个时候，我读了《西游记》，也读了佛教法师写的书，我一比，就觉得《西游记》里很多描写不可靠，但是《西游记》里的玄奘给我留下了很深的印象。那时我就觉得，玄奘大师 13 岁就出家了，我比玄奘大师出家时还长 3 岁，所以也应该要出家。

王鲁湘：哦？就是这么一个原因，因为家里有一个浓厚的学佛氛围，再加上正好那个时候又读了《西游记》和玄奘法师的传记，就是这样一种激励而出家的。我想这中间其实也应该有前世的因缘吧。

学诚法师：我想应该是有的。当时莆田广化寺有一位老法师——圆拙法师，圆拙法师曾经亲近过印光法师、弘一大师，我到莆田广化寺出家，得到他老人家的悉心栽培。我能有今天，与这位老法师有着很深的因缘。当然，我今生能够出家当和尚，说不定前世也是一个和尚。

王鲁湘：（笑）对！可能前世或者是个罗汉。

学诚法师：我当了和尚，下一辈子可能还当和尚；你当了主持人，下一辈子可能还当主持人。

王鲁湘：（笑）对！那么我想请教一下，像广化寺圆拙老法师学修的是佛教的哪一宗哪一派呢？

学诚法师：圆拙老法师主要是持戒念佛。印光法师是净土宗，弘一大师是律宗，所以我在寺院里，主要也是学习念佛、持戒。这两位老法师非常有风格：印光大师老实，弘一大师认真。所以圆拙法师就教导我既要老实，又要认真，我一直遵照老人家的教导来为人处世。

王鲁湘：如果一个人能够把印光法师和弘一法师这两位高僧的品德结合在一起，那会非常了不起。弘一法师在出家之前，他的人生是那样地丰富多彩，一旦遁入空门以后，他持戒又是最精严的，他的后半生突然和前半生成为此岸和彼岸截然两分的世界，然后就是心如止水。印光老和尚给我的感觉，除了有超人的智慧以外，最主要的就是那种坚毅、坚忍，那种修行的坚定，以及对一些根本问题、究竟问题的参悟。印光老法师这一点是非常厉害的。

学诚法师：印光老法师在自己的房间里贴了一个"死"字，他常常教导弟子们和亲近他的人，要把这个"死"字写到自己的额头上，还告诉善男信女们：老实念佛。为什么印光法师常常提这个"死"字呢？一般世俗人看到这个字都很忌讳，怎么印光法师要常常提起呢？佛教讲了生死、生死事大，所有祖师大德一直都在告诉我们这个道理。弘一大师在家的时候，无论是去日本留学也好，在杭州教书也好，出家以后持戒也好，弘法也好，都是非常认真，也就是干哪一行，就像哪一行，精哪一行，成就哪一行。这也是非常高的境界。

王鲁湘：对！弘一法师的一生可以用一句话概括，叫"绚烂至极，归于平淡"。他一生那么地绚烂，最后你看他的书法，却平淡到这样一种境界。再看印光老和尚，可以说是看破生死，直面生死。所以我觉得从他们两个人身上真的可以了悟很多佛教高深的关于人生的智慧。

学诚法师：印光法师曾经闭关，他虽然在关中修行阅藏，却对寺庙以外的事情、对国家的大事也很关心。比如说，他编修了四大名山的寺志。抗战时期，日本人要捐《大正藏》给灵岩山，印光法师拒绝了。日本佛教界问为什么不要？他说：你们日本人侵略我们，所以不收。所以，你看印光法师一般时间都是在修行，不管外面的事情，但他在这方面也是非常有见解。这个故事是圆拙法师亲口给我讲的，这符合佛教的思想。佛教的思想说，为家忘一人，为村忘一家，为国忘一村。如果为了一个家庭，那就不要老考虑自己的事情；为了这个村庄的事情，就不要老考虑家里的事情；为了整个国家，就不能老考虑自己的这个村子。弘一法师在抗战时期也号召佛教四众弟子：念佛不忘救国。所以这两位大师为什么能够成为大师，是因为有自己做人、做事、修行的原则。

王鲁湘：我在您的书房里，看到书架上佛教方面的书，律宗和净土宗的好像占的比例更多一点。我们知道净土宗在民间的影响是非常大的，而相对来说，律宗由于持戒很严，所以似乎在汉传佛教地区人们对它不是很熟悉。弘一法师出家的时候入律宗，据说也是受到一位高人的指点，他认为中国佛教的衰败可能与中国僧侣和中国寺庙持戒不是很精严有一定的关系。那么您现在作为中国佛协的一位负责人，您又主持了好几座寺庙，从您的角度看，您认为中国佛教的复兴是不是同恢复比较精严的持戒，僧侣以身作则，成为世人楷模，有非常重要的关系？

学诚法师：戒律同净土在严格意义上讲都不应该独立成一宗。为什么这么说呢？比如说，坐禅的人、学教的人等等，他们好多都是求生西方极乐世界；八大宗派的出家人，都要守戒，都要持戒，都要学戒律。如果不受戒，不学戒，那么出家人同在家的居士，甚至同无信仰的人就没有区别了。中国佛教要振兴、要发展，从主观上来讲，尤其要重视律制。但是其他方面，比如说出家人要有好的道场、好的修行的环境，也显得格外重要。为什么呢？现在大部分法师出家以后都很忙，不少寺庙成了公共旅游场所，旅游业非常兴盛，游人如织，甚至不少寺院过春节会有烧头香、敲钟的活动，前几年被炒得很热。这些都是附有商业色彩的，所以我的想法是：寺院应该要恢复为清净的道场，商业应该退出庙门。这样的话，出家人才能够很好地持戒。如果道场跟商业混在一起，戒律就没办法守持好。如果我们到寺庙一看，到处都是商业，那也是很不像话的。

王鲁湘：对！所以我今天来到龙泉寺最大的感受，是中国佛教界这么有名的法师主持的寺院，居然比我到过的任何一个寺院都要显得清净，甚至因为今天天气特别寒冷的原因，有点荒寒的感觉。当然今天我才知道，因为它刚刚恢复才两年多的时间，正在建设中。还有一个突出的印象，就是我感觉龙泉寺僧侣学习的气氛明显高于我去过的所有寺院。在中国其他很多寺院里，包括一些名山古寺，的的确确会有让我心里微微感到有点不太舒服的地方，就是目前的商业气氛过于浓厚，能闻到铜臭味。但是今天步入龙泉寺，感觉到的是一种学院式的气氛，我好像又来到了海淀我过去读书的环境里。它是这样一种清修的环境，房子都很简朴，屋里的陈设都很简单，让我感到很惊讶的是：置办的新家具，包括书桌也好，书架也好，僧侣的床也好，就是普普通通的白松木本色。但是我在其他地方看到的，可都是红木、紫檀的东西啊！我又观察到我们的书房、教室虽然都很狭小，但是书架却很充实，僧侣们都在很认真地学习。这让我感觉到龙泉寺是中国佛教复兴的希望所在。

学诚法师：我在这里立了规矩——到龙泉寺出家为僧的所有法师，自己的一切都归常住，都归佛教。包括你个人的时间，包括你这个人，包括你所有的一切，到了庙里都归公。我们这个寺庙出家人不发钱，你需要什么东西可以到库房来领，常住给你发牙膏、牙刷、衣服等日用品；出门办公事，必须两个人一起去；父母生病、俗家有什么事情、回去探亲等等，寺庙里再派一位法师陪你一起回去，来回路费可以报销；看病可以报销，一切统收统付；要做什么事情，民主决策，我们寺庙有一个僧团委员会，大家讨论、表决，定下来后大家就照这样做。

王鲁湘：等于在这里除了德行和学问是你自己的，其他都是佛的。所以这点很好，我觉得这里的道风应该向整个中国佛教界大力推广，因为这不是一个简单的问题，而是一个中国佛教复兴的问题，必须建立整个中华民族甚至世界其他国家佛教信众对你的基本信任。

学诚法师：这就是佛教如何来因应时代发展的问题。因为佛教在印度创立的时候，是在奴隶社会背景下，而佛教在中国两千多年来都是在封建社会的背景下。现在是一个商业社会，佛教如何来面对商业社会，是个很大的考验。

王鲁湘：所以您提出了"丛林学院化"这样一个目标。那么这个目标具体的设想是什么呢？

学诚法师：我觉得出家之后，要非常清楚自己将成为一个什么样的出家人。同时，作为一个寺院的住持，要把这些出家人带到什么地方去，要为这些出家人以及善男信女们负什么责任，要让他们学什么，修什么，就需要做一个很好的规划。

学跟修都是出家法师必不可少的重要组成部分。刚刚出家要学什么，出家五年要学什么，十年要学什么，二十年要学什么，三十年要学什么，这一生要学什么，我们都应该要考虑，也就是要有学制。不仅仅佛学院的学生要有学制，寺院里的僧人更需要有学制。这种学制应该是终生的学制，应该是长期的。

王鲁湘：我们过去引进西方的教育体制以后，在我们的学校里，好像只有学没有修了。我们中国的传统教育是学修相结合的。在这点上，佛教教育可不可以给我们中国现代学校式的教育提供一些很好的借鉴？就是怎样在边学边修、边修边学中间，学修互相促进，最后成就的是一个完整、高尚的人格？

学诚法师：学跟修的关系，用中国传统的话来讲就是知和行的关系。"五四"运动前后，社会上风行办学，佛教也办起学校。最早开始提倡的是太虚大师，兴办起来的有武昌佛学院、闽南佛学院，这些都是最早的，代表了佛教的学院办学，尽管太虚大师最后还是自称办学以失败而告终。解放后，尤其是改革开放以来，佛教也一直在办学，在办学的过程中当然也有很多成绩。但究竟怎样办才是成功的？也就是如何来提高，如何来完善，如何来改进，这都需要花很长时间来研究。此外，能够上佛学院的法师毕竟是少数，比例还是很小的，大部分出家法师没有上佛学院的机会。那么没有上佛学院的这些法师究竟怎么学、怎么修，上了佛学院的法师毕业以后又该怎么学、怎么修，这就显得非常关键了。学，就是理论；修，就是实践，理论与实践要相结合。佛教要解决的问题是人的内心问题，是内心如何来面对、认识、服务现实世界，而不是用佛教的理论来解释客观世界。所以它是一门心学，它的学问是向内的，而不是向外的。

王鲁湘：中国社会过去几年可以说叫做"全民皆商"，所有人都在经商，所有人好像都要学习经商。那么在这个情况下，人心的欲望被大大地刺激起来。我觉得这也不能简单地认为是一个坏的事情。在过去很长的一段义利之辩的时间里，我们常常为了崇扬义而贬低利，特别是宋明理学对人性欲望在推动社会进步的积极性方面好像评价不是太高，对人性的压抑也过于厉害，所以使我们这个社会缺少一种追求物质文明的动力。

学诚法师：过去理学讲"存天理，灭人欲"。佛教不是讲灭人欲，佛教讲要净化人的欲望。佛教讲要发大愿，要净化人心。

王鲁湘：所以在这点上，过去从80年代中期开始，后来慢慢到90年代，很多人普遍地对中国人失去了信心，说这个民族怎么这样世俗，这个民族怎么如此好利忘义？甚至说这个民族全民都是商人，无奸不商，无商不奸，就是说整个民族的道德水准败坏得很厉害。但是我却从另外一个方面发现，恰恰在这样一个全民经商的高潮中，反而很多人激发起了一种对宗教的兴趣，开始有很多人关注自己的心灵建设和心灵净化。所以在这点上，我想是不是如天台智者大师所说的那样：众生有大菩提心。

学诚法师：前几天有一个朋友对我说，现在社会可不得了。我说怎么不得了？他说现在好多企业家都到大学里当教授，大学里的教授又到企业里当顾问。他觉得这是严重错位，是比较反常的现象。社会在发展，在变化，会出现很多问题，这是在所难免的。就商业来讲，商业都是为了要谋求利益最大化，谋求利益最大化，则人的欲望就不断膨胀，在欲望最大化的同时，它就会产生很多的问题，甚至腐败的问题。所以在这样一个环境下，企业家也好，工人也好，甚至文化界、教育界、媒体等等，社会各界在商业利益面前，容易出现种种的问题，这些问题需要靠宗教来净化。在传统儒家的观点中，对经商的人不怎么看得起，但现在情况不一样了。你看好多地方的官员，他最看得起的就是经商的人，因为要靠他们来收税。

王鲁湘：过去是士农工商，商居其末，商人受到很多的歧视。

学诚法师：现在国家不收农业税，财政主要靠工商业，这是社会的转型，也就是佛教必须要去面对工商界。当然工商阶层有工商阶层的问题，而农业社会农民也会有问题——农民集体观念淡薄，整体素质也比较低。我在福建的时候，有时到一些寺院开光，开光的时候，大雄宝殿，佛堂，刚刚落成就弄得污七八糟，为什么？很多人用脚在墙边蹭，搞得到处都是脚印。因为来的人基本都是当地的农民，他没事干就靠着墙，背靠着墙，然后脚就杵在墙上，结果开光结束后，整个墙壁上全是脚印。而现在这些经商的人，搞商业的人，其实大部分也是农民出身——至少他的父亲、爷爷很有可能是农民。这样，他的角色还没有一下子转换过来，大家更多地考虑的是自己。所以，如何来建立诚信社会，建立诚信机制？在这一点上，宗教能够提供帮助。

王鲁湘：这样的话，我又想起，实际上您的法号，非常有巧合——"学诚"。这是，当时圆拙老法师给您取的法号吗？

学诚法师：是的。

王鲁湘：这实际上是很重要的。"学诚"，这应该是从《中庸》里来的吧？

学诚法师：《大学》里也有"诚于中，形于外"的说法。

王鲁湘：对！实际上想起来的话，它是一切信仰和一切事业的根本，"诚为本"。

学诚法师：中国有两个词汇西方没有，一个是虔诚的"诚"，一个是孝顺的"孝"。这两个字西方人理解不了，也翻译不过去。

王鲁湘：《中庸》讲"自诚明"、"自明诚"，是吧？这个都是很重要的。我今天上午在僧人的教室里看到两幅书法，叫做"学为人师，诚为世范"，正好是把"学诚"两个字嵌在上面，把"师范"两个字嵌在句尾。我想，在整个复兴中国佛教的过程中，其实不管佛教界自身也好，还是广大民众也好，其实在复兴的第一个阶段，大家只要做一件事就可以了，就是学"诚"。

学诚法师：先要"学"才能"诚"。这个"诚"字也要去学，不可能一下子做到那么诚。

王鲁湘：对。（笑）能做到这个的话，其实一切信心都会有了。

学诚法师：这也就是说人的生命究竟要追求什么？人死了以后，再多的钱、再高的地位、再好的名誉也没有用，你能够留下来的是什么？比方讲，你是一个画家、书法家，你字写得很好，但你在世的时候，可能是一个穷人，死了之后作品却价值连城。

王鲁湘：对。像梵高一样，生前一幅画都没有卖出去，死后一幅画能卖一亿美元。

学诚法师：没错，这就是它的价值。王羲之在世的时候肯定也没有多少钱，现在他的作品可了不得。我们宗教也是一样，它也是在不断寻求价值。价值，如何来体现呢？盖棺论定——死了以后才能体现其价值；在活着的时候显示不出来。为什么呢？人活着的时候，有很多角色、很多名分，在不同场合、不同位置，要戴着不同的面具，有着不同的粉饰。哪个都不是本我，都是假我。死了以后，这个真我才能够显示出来。有些人在位的时候门庭若市，去位以后门可罗雀，这样就不好了。

王鲁湘：对。

学诚法师：出家的法师，越老越有价值，越老善男信女越多。大家会说：这个法师德高望重，是大德、大法师。但是，他在年轻的时候，还是小和尚的时候，别人就不怎么看得上。

王鲁湘：（笑）

学诚法师：小和尚可能修行各方面还不行，到老了情况就不同，到死了更不一样。太虚大师也好，弘一大师也好，印光法师也好，都是如此。太虚大师到一些寺院当方丈的时候，最后被人家赶出庙门；弘一法师在世的时候，到好多庙里去挂单人家还不欢迎；印光法师讲经的时候，好些人听不懂，也不怎么喜欢听。但是他们圆寂以后那可了不得，近代中国佛教就靠他们几个人——太虚法师、印光法师、弘一法师、虚云老和尚、圆瑛法师、慈舟法师，影响了一百多年的中国佛教。所以有时候一个人的价值，不能从眼前来看。你看尧舜，几千年了，现在很多人还这样的仰慕、敬重、向往，觉得很了不起。所以人是要探索意义、寻求价值的。人对价值的认识，就是价值观，这很重要。

王鲁湘：刚才说到太虚法师，太虚法师可以说是在他年轻的时候就一直想对中国佛教进行改革，并为此奋斗终生。

学诚法师：太虚大师对佛教有三大改革：教理改革、教制改革、教产改革。教理改革是理论改革，提倡人生佛教；教制改革是全国制定统一的制度，当时佛教会下辖有八十万出家人，全国、省级、市级、县级，层层下来；教产改革是寺产归公。

王鲁湘：在那个年代，可以说没有提供给他进行这种改革的客观条件。

学诚法师：这里面最重要的一个原因，是当时佛教界很多长老法师们很难想象太虚大师这么搞下去，佛教的未来会是什么样子，所以他们不怎么支持。我们刚刚开始改革开放的时候也有类似情况。

王鲁湘：对。所以最后太虚大师说他的改革不成功。

学诚法师：不成功。

王鲁湘：但是我觉得他提出的改革三大任务、三大目标应该还是中国佛教应该坚持的一个方向。

学诚法师：他所提出来的这三大改革，可以说就是佛教存在的问题。教理改革是怎么回事呢？比如说佛教包括五乘的佛法：人、天、声闻、缘觉、菩萨。怎样把人的佛法跟菩萨的佛法、跟佛的法结合起来呢？他提出"仰止唯佛陀，完就在人格，人圆佛即成，是名真现实"，就是说你如果在世间上是一个完人，慢慢就能够成佛。其次，太虚大师说中国佛教的很多问题都是在于缺乏制度，所以他一生最大的志愿是"整理僧伽制度"。那么教产改革是什么原因？好多寺庙的住持圆寂以后，他的弟子在庙里升住持，庙里自己有大寮，自己有库房，自己办伙食，这样的话，庙里就有财产，并且一直在累积，日久年长的话，有些庙就会累积很多钱，而这些钱又没有被很好地利用和管理，再加上一些庙里出家人的素质又低，无形当中寺院的财产就变成大家的聚焦点，甚至由此发生纷争。太虚大师认识到这个问题的严重性，急于对此进行改革。

王鲁湘：我在有些寺庙里也看到这种苗头了。很多善款，很多善男信女的香火钱，可以说使不少寺庙，特别是一些著名寺庙成为积聚财富的地方，而且积聚财富的速度非常快。如何管理这些财产、妥善运用善款，就成了这些寺庙面临的很大难题。因为现在很多寺庙变成了一个很难定义的机构，有些寺庙首先是一个宗教场所，但似乎它又是一个企业，同时也是个慈善机构，另外它还是个教育机构，多种角色、身份混在一起，理不清楚。那么在这些方面，中国佛教协会有什么办法革除弊端，使它有益的方面得到发扬？

学诚法师：我觉得佛教的寺院首先是佛法僧三宝的体现，其次是出家法师修行办道的道场，第三是广大信教群众参与宗教活动的场所，也是开展慈善事业的基地、传播佛教文化的中心、开展海内外佛教交流的宝地，同时也是中国传统文化的载体。

王鲁湘：这几个定位很好。

学诚法师：那么，佛教如何来面对经济问题？是不是现在的寺庙很有钱？我觉得未必。为什么这么说？从整个中国佛教来看，大多数寺庙还是比较贫穷的，经济还是比较落后的。就以沿海省份福建来讲，好多山区的寺庙，经济都还相当困难。

王鲁湘：贫富不均。

学诚法师：真正有钱的寺庙还是很少的，主要集中在大城市。大城市的寺庙为什么经济比较富裕呢？门票收入，或者寺庙里有商业经营，并且有相关的人在操作，也就是刚才讲的企业化。有人讲大陆的佛教寺庙有钱，那台湾的佛教寺庙更有钱，天主教、伊斯兰教更有钱，佛教跟他们比，微不足道，九牛一毛。问题是说，我们用这些钱干什么？怎样运用？怎样回馈到社会去？就台湾来讲，台湾四大山头都有自己的机构——弘法机构、教育机构、慈善机构等，寺院跟社会形成良性互动关系。而大陆佛教相对来讲，由于种种原因，大部分出家人更关心的是自己的修行，很难有组织、有系统、有力量地回馈社会，实际暴露出是这样的一个问题。这个问题的确非常重要，已经引起有关方面的注意，中国佛协对此也高度重视。要解决这样的问题，就要对社会的现状有一个深入的了解，也就是要真正了解到社会需要佛教做什么，社会需要寺院做什么。比如今天上午龙泉寺一些义工到河北去扶贫济困，大家送去了衣服、粮食、药品、慰问金，等等。此外，有一些大学生交不起学费，我们就给他们做中介，帮助解决问题。去年有一个赴美的中国留学生得到这个消息后，也来参与这个活动，被帮助的学生和家长都很感动，学校的老师也很感动，在社会上也有比较好的影响。

王鲁湘：而且我还注意到一个细节——很多送到河北去的口袋上都写了什么村、什么人、多大年纪等等。我看到这个细节的时候，想了很多。我觉得人们慈善的行为，常常会流于表面化，有时候甚至在我们这样一个富裕的社会里头，会成为一种时尚，成为某些人表达自己时尚生活的方式，这就把爱心、把慈善行为异化了。因为他觉得，反正我把多余的衣物捐出来了，至于这些衣物有没有到达需要的人手里，我不关心这个过程，也不关心这个事情。所以，类似的很多事情就流于表相，流于表面，变成一种做秀。可是我看到今天龙泉寺在装车运送这些慈善物品到河北农村去的时候，我看他们的计划都是具体到村、到户，甚至到人，也就是说在这之前，龙泉寺及其信众，和支持这个工作的企业，把这件事情看得非常严肃、认真，并且事前做了很详细的社会调查，然后点对点地完成了这次慈善行为。这就不是在做秀了，这是在扎扎实实地帮助别人、利益众生。

学诚法师：我们曾经到过一些边远的县里去救灾扶贫。刚刚开始的时候，我们是同县民政局联系，但是在个别地方遇到的情况是这样的：他们关心的是你有没有项目给他们做。如果说让他们把贫困人员组织起来，由我们给贫困人员分发救济物资，他们往往没有多大兴趣，不是很愿意做。于是，我们就找到乡政府，让他们帮忙统计，乡镇政府非常乐意做。每次访贫，事先我们都会做调研，千家万户，谁住在哪里，需要什么东西，需要药品还是需要油，需要什么衣服，都登记好，然后我们一次性送去。送去的时候也是通过当地乡镇政府，然后一包一包送到每一个人的家里去。对于慈善，关键的是做这件事情的人——寺里的法师、义工、护法居士们首先要有慈悲心，心地要善良，这是非常重要的。对受赠的这些人，对他们要有慈悲心，而不是说，谁的东西用不完了捐出来，帮你送去，更不是说做这件事情是为了扬名，或者现在大家都在做这个事情，我们也来凑个热闹。我觉得这样做的话，意义不大，甚至会养成一个不好的风气。

王鲁湘：就是作为一个当然要做的很普通的事情。

学诚法师：这也是我们本分的事情，应该做的事情，需要做的事情。

王鲁湘：刚才说到太虚大师提倡人生佛教，佛教在人间。有时候和一些朋友聊起几大宗教对人类的影响，包括对社会发展的影响，我们突出地感觉到：伊斯兰教固不必说，它是政教合一的，直接介入到国家的法律、道德、家庭等各个方面，是全面的，全民皆教；基督教，应该是一种在人间的宗教，他们把教堂、社区紧紧同社会发展结合在一起，教会人员直接参与到社区的社会稳定、社区人们心理建设方面，而且去教堂参加宗教活动，成为了人们生活中自自然然的一个组成部分。相比起来，中国的佛教和道教，倒是有一点远离人间——过去说：不食人间烟火。

学诚法师：所以有人说，最繁华的地带，都是天主教、基督教建教堂；环境最优美的名山大川，都是佛教道教盖寺院，盖宫观。

王鲁湘：也就是佛教好像是在有意识地选择一种超凡脱俗的宗教修为方式。那么，我们能不能在新世纪的中国佛教发展过程中，借鉴一些天主教、基督教的做法，使佛教能够和人间社会结合得更紧密一点。

学诚法师：前两年，我接待了美国国际宗教自由委员会代表团。我问他们说：你们美国说宗教信仰自由，讲人权，讲平等，可是你们总统就职的时候为什么要手按《圣经》？他们说我们总统信基督教。我说如果一个佛教徒当总统，可以按佛经吗？这种可能性存在不存在？他们不说话了。这说明一个什么问题？说明西方文化的核心就是基督教，基督教文明的影响，在家庭、学校、社会方方面面都很深入。也就是说，如果没有了基督教文明，也就没有了西方文化。佛教、道教虽然是中国文化重要的组成部分，但是中国文化博大精深，典籍浩如烟海，并且中华民族善于兼收并融，也就是说各种不同的文化，各个不同民族的文化，都能够融合到一起。基督教文化就不是这样。我常常听说有些比较偏激的基督教徒，看到宗教杂志上有佛像，都把它撕掉。

王鲁湘：对，因为那是偶像，他不能有偶像崇拜。

学诚法师：但是我们出家的法师、在家的居士看到十字架、看到教堂，却不会把它撕掉。

王鲁湘：我们比他们宽容得多。

学诚法师：所以我们比较讲慈悲，讲宽容。但是宽容、慈悲有时候也会吃亏。

王鲁湘：（笑）对。就是我们谦让、退让的东西可能更多一些，而他们则显得有些咄咄逼人，感觉更进取一些。

学诚法师：如果我们法师个个都咄咄逼人，又会有人说这个法师不慈悲。

王鲁湘：（笑）对。大家一听，就觉得这不像个和尚嘛！

学诚法师：所以当法师有时候也很难啊！

王鲁湘：对，这是和佛教的基本教义联系在一起的。我想我们是不是应该稍微地向天主教、基督教学习一点，包括天主教和基督教的教堂建筑——他们从早期创立，经过中世纪，然后到了现代社会，如今他们教堂的形式其实已经发生过很多变化了，使它越来越走向适应现代人生活的一种形式。那么在这一点上，我们的寺庙可不可以在某些方面也进行这样的变革呢？比如说我们进去以后看到的房间是不是可以更敞亮一点，更光明一点，或者现代感更强一点？这可不可以做得到呢？

学诚法师：我们这个讲堂够不够敞亮？

王鲁湘：对！我们这个讲堂就很敞亮！

学诚法师：古时候佛教盖庙，盖的大雄宝殿、天王殿、罗汉堂、祖师殿，都是盖给菩萨住的，盖给佛住的，盖给祖师住的，不是盖给活人住的。人住的反而都很简单，都是旁边矮小的寮房。现在情况不同了，过去大家比较有时间，对生活的要求也没有这么高，传统的社会没有电灯，没有冲水的马桶，没有空调，所以，自然而然窗户也开得小，因为窗户开大了会透风，人受不了，并且在传统的思想里，比较怕光，觉得光照到房间里去不好，怕人家看到屋里边的东西，所以窗户很小。但是现在的人观念不一样了，现在的物质条件比较丰富，人们受科技的影响很大。所以现在要盖寺庙，更应该要体现以人为本，要体现时代性，就是说这个时代的人究竟需要的是一个什么样的寺庙。反过来说，我们要造一个什么样的寺庙，才能够符合现代人的宗教修学需求，需要我们去很好地研究。如果一味地复古，要求跟古时候一模一样，并不足取；但若一味地要去跟世俗社会比较，也不可取，往往容易失去宗教的庄严、宗教的气氛。所以，寺院里的建筑以及相关的设施，既要符合佛教传统理念，又要吸收现代科技，也要结合各个民族、各种文化的艺术成分，综合体现我们这个时代的佛教建筑水平。

王鲁湘：是不是龙泉寺在以后的扩建工程中，会把您这样的一种理念贯穿到建筑里面来呢？

学诚法师：但愿如此吧！

王鲁湘：刚才我们说到人间佛教，其实认真想一想，没有一个统一的人间佛教，我们发现其实有各种各样的人间佛教。今天中午吃饭的时候，您跟我说到，其实咱们中国至少有三种佛教：一种是帝王的佛教，就是权力阶层、统治者的佛教；还有一种是士大夫的佛教，也就是知识分子的佛教；第三种是社会普通大众的佛教。这三种佛教，他们的所求所修，好像都不一样。

学诚法师：你看这个社会，中国跟美国不一样，中国跟日本也不一样，北京跟上海不一样，南方跟北方不一样，东部跟西部也不一样，社会本身就有差异性。此外，同一个地区不同时期也有不同的人、不同的层次、不同的社会结构。佛教信仰的队伍也是一样，信众的文化知识、年龄、对宗教的需求以及他们的问题也是不一样的。那么人间佛教如何来诠释？佛教的慈悲、智慧、缘起、中道，这些思想，在任何一个时代，任何一个社会，都是永恒的主题。不管在什么社会，我们都要贯穿佛教的这些思想和精神，当然它的形式可以变化。

王鲁湘：对。正好我们佛教的智慧又经常大开方便法门。

学诚法师：方便过头了也不好，在佛门里有句话说：慈悲生祸害，方便出下流。

王鲁湘：（笑）我想，因为咱们龙泉寺在北京，在西山脚下，所以到寺庙里来，向法师求教、请求开示的可能各色人等都有。其中一定有官员，有企业家，有学者，也有普通的百姓。那么他们所求所问的问题，除了一些最根本的共通的人性问题以外，是不是也因他们的社会角色不一样，所学所问的问题也有不一样的？

学诚法师：他们所问的问题可以说包罗万象，但是大部分人问的都是跟他本人有关的问题。

王鲁湘：有关本人，比如说问官运、问前途，问问事业是不是能做大，对吧？

学诚法师：对。昨天有几位企业家来找我，他们这几天在附近开会。有一个老板问了我一个问题，他说："我一直对身边人做的工作不放心，老担心他们会出问题，这个怎么办？"我说："你看得到的，你担心会出问题，你没有看到的难道不担心么？"他说："我没有安全感。"我说："安全感跟安全是两回事，没有安全感未必就不安全，有了安全感也未必就会安全，这是你自己的管理问题、决策问题，是你自己对这些境界和技术了解掌握的问题，不能凭自己的想象。"他说这个讲得有道理。另外一个人说："我活在世上，没有感觉到有什么痛苦需要去远离，但觉得这世上又没有什么快乐的事情值得我去追求，所以我也没有痛苦也没有快乐，这怎么办？"我说你这已经是变成麻木不仁了，自己感觉不出来。

王鲁湘：他可能事实上还没碰到人生真正的挫折，可能说完这句话没多久就会有什么事情在等着他。

学诚法师：也有可能。

王鲁湘：像我们龙泉寺，虽然好像就在北京郊区，但事实上来一趟也是非常不容易。

学诚法师：的确不容易。

王鲁湘：就是说能来到这里正式请法师开示的信众其实人数是很少的。那么为了更多地开示众生，您现在是不是在利用一些媒体手段，比如今天我们在寺院参观的时候，看到办公室有很多电脑，一些义工坐在电脑前在做事，您可能已经开了您自己的网站、博客——我听说您博客的点击率，包括订阅您博客的人有将近两百万呢。

学诚法师：快到两百万了。

王鲁湘：是吧，这是一个很高的数字了。

学诚法师：但是从全球 60 亿人来说，还是微不足道，差得很远。

王鲁湘：（笑）当然我希望有一天，全世界的基督教徒、天主教徒、伊斯兰教徒、道教徒，都来点击您的博客。

学诚法师：我现在想，如果能够再开一个英文的博客，那可能看的人会更多。

王鲁湘：那是，这就比较直接了。

学诚法师：但是现在还很难做到。

王鲁湘：嗯，有些词句的翻译很困难——至少要翻译得很到位不容易。

学诚法师：以后人手多了，慢慢就可以考虑。

王鲁湘：那么您开这个博客，在博客上主要写一些什么东西呢？

学诚法师：主要把我们庙里发生的事情以及我自己想到的事情、我们做的事情，都写到上面去。

王鲁湘：像您这样的法师，在大陆开个人博客的人多吗？比如说中国佛协副会长以上的，是不是就您一个人开了，别人都没开？

学诚法师：确实不是很多。

王鲁湘：可以说在这点上，您真的是与时俱进。是不是可以说您也意识到了利用媒体进行弘法，实际上也是一种很好的弘法手段。

学诚法师：如果不利用高科技，寺庙里的佛法声音就传播不出去。我们讲来讲去，就是我们自己在听。我们要讲给听不到的人听，那怎么办？我们也不可能天天到社会上去讲，这个成本太高了，到外面找场地，需要交租金，还要去申请，有很多的麻烦。开博客的话，就有了一个公共的平台，大家都可以留言。我开这个博客也是一种偶然的因缘，是一个朋友开好了送给我。刚开始的时候，我也不知道会搞成什么样，心里也没有底，然后就慢慢地天天想、天天做，日积月累就这样了。有些人看了以后，说有点收获，这样我们就越来越有信心。慢慢这个博客就变成了一个弘法的平台、交流的平台。同时，善男信女们有什么问题，可以在上面留言，我给他们解答。这样的话，也免得辛苦他们跑到山上来。不然他们跑一次山上——比方讲在四川，跑北京一趟，车票、机票花钱不说，还不一定有这个时间。现在，他在网上问，我就可以给他回复，这样的话就非常方便。有些比较私密的问题，有时候不好意思当面说，写在这里，我们也能帮助解决。这种弘法的方式应该讲还是比较好的。佛教的传播形式应该是大家喜闻乐见的，应该是同社会发展相适应的。

王鲁湘：那么就这方面来说，我们在现代寺院僧侣教育中，是不是也有利用电子媒体手段进行教育？比如说，全世界佛教徒在网上有没有一个统一的网络？比如说我是一个佛教徒，我想通过网络来学习佛法，和全世界佛教界的人士进行联系，有没有这样一个平台？

学诚法师：目前还没有。就目前来讲，就博客这样的一个平台来说，我们跟对方联系的时候，不知道对方是真是假，如果对方发布假信息的话，就比较麻烦，这也是我们比较担心的事情。留言就相对好办，如果对对方有怀疑的话，可以进一步询问他的情况。但如果说你面对整个世界的话，很多时候我们的力量是顾不上的，但今后可以慢慢照顾得更广些。当然我们有一些在国外的信徒，也会来问问题，所以基本上来问问题的都是认识的。

王鲁湘：您现在身兼数职，而且中国佛协目前有很多工作需要您亲力亲为，您还要写博客。听说您每天不管工作多么繁忙，自己学修的功课是一定坚持要做的，是这样么？

学诚法师：我的博客跟一般人的博客不一样，我的博客是集体博客，不是个人博客。我们寺庙里边的人都可以往上写，都可以发表。不只是我的文章可以发表，其他人的文章也可以发表。至于平时的功课，这是肯定要做的，这就如每天都要吃饭。不吃饭的话，肚子就会饿；不做功课的话，我们的精神就没有食粮，就会出问题。

王鲁湘：听说龙泉寺的僧人，总体来说，一是比较年轻化，这个我今天也目睹了，还有就是高学历化，就是学历都比较高，是这样吧？

学诚法师：年轻化，可以这么讲，寺里面就是我的岁数最大。说学历高的话，不仅仅龙泉寺，其他寺庙也有，并且也不是所有人都是高学历的，学历仅仅代表一个人在世俗学校的成绩——读过多少年书，在哪个学校上过学等，跟人的信仰没有关系，不等于文化低的人信仰就浅。就像六祖慧能大师，文化并不高，最后他的《六祖坛经》成了佛门经典，"菩提本无树，明镜亦非台，本来无一物，何处惹尘埃"成了千古佳话。玄奘法师出家时才13岁，此前也没有读过多少书，最后他译出的经典我们天天都在念。所以论修行的话，我们很难跟六祖比；论学问的话，很难跟玄奘大师比，而他们刚出家时根本谈不上学历。

王鲁湘：所以在这一点上并不需要刻意去追求，就是不刻意要求僧侣高学历。

学诚法师：没错。现在佛教界存在"三多"现象：文化程度低的人多，岁数大的人多，女性多。龙泉寺刚刚开始恢复，人员贵精不贵多。今年我们庙里面出家人写年终总结，恰恰有几位文化程度最低，只有小学、初中文化程度的法师写得最好，也写得最长。所以文化程度是一个方面，关键是本人在学修佛法上用心不用心。

王鲁湘：对。

学诚法师：文化程度可以慢慢培养，但是信仰要培养起来非常不容易。文化程度高的人，他往往自己有一套想法——所知障重。文化低一点的人会想：我文化低，你怎么讲我就怎么听；文化高的人会想：你说的我听听有没有道理。他是通过自己大脑加工的，加工以后往往就变味了。有些同学，你给他讲一句话，本来很简单的，比方说让某某法师去扫地，他就会想：为什么让我去扫地，我是不是犯了什么错误，是不是看不起我，胡想一大通。其实扫地就是扫地，看到你，就让你去扫了。文化人依据自己推理，形成自己一套思路，然后得出一个答案或者想法。佛教里面讲三途八难，世智辩聪是学佛上一个很大的障碍。要有赤子之心，你看小孩子天真无邪，非常快乐。文化程度高的人，可能天天都想不开，脑筋里面那么多符号，怎么能够抹得掉，都是烦恼。

王鲁湘：好像在您的经历中有一件事情，可能是我们观众特别想要知道的，就是十一世班禅金瓶掣签的仪式，您那时候是作为汉传佛教界里唯一的僧人代表，随同中央代表团赴拉萨参加十一世班禅的金瓶掣签仪式的吧？您能大概给我们回忆一下当时的过程吗？

学诚法师：那是在 1995 年 11 月，我随同中央代表团乘专机到西藏，参加金瓶掣签仪式。过去班禅、达赖的灵童转世要通过金瓶掣签来确定。新中国成立以后第一次遇到这样的盛事，大家自然非常关注。中国佛协、西藏佛协，以及藏传佛教的高僧大德都一起协商，最后决定遵从藏传佛教历史定制和佛教传统，在拉萨大昭寺释迦牟尼佛面前，举行金瓶掣签仪式。我能够作为汉传佛教界唯一一位出家法师参加这一盛典，倍感荣幸。2005 年，十一世班禅坐床 10 周年，也举行了庆祝活动，我又作为中国佛教协会代表前往祝贺，真是因缘殊胜。2004 年十一世班禅赴陕西法门寺参拜佛指舍利，去年 12 月又赴福建莆田广化寺礼佛，可以说我与十一世班禅有很深的因缘，我觉得他非常有智慧。金瓶掣签十多年来，他的进步非常快，汉语、英语、藏语都讲得很流利，而且威仪庄严，让人家一见即生恭敬心。汉藏一家，汉传佛教、藏传佛教都是一体的。

王鲁湘：您现在好像正在筹备今年年底的第二届世界佛教论坛，上一届世界佛教论坛在浙江的杭州和普陀山举行，主题是"和谐世界，从心开始"，那么这一届世界佛教论坛的主题定的是什么呢？

学诚法师：第一届世界佛教论坛 2006 年 4 月在浙江举行，

主题是"和谐世界，从心开始"。世界上有 37 个国家和地区的一千多位高僧大德、佛教学者、有关政要前来参加，这次会议开得非常圆满成功，向世界展示了中国佛教界的形象，也发出了中国佛教界关注人类和平、关注世界和谐的声音。第二届世界佛教论坛准备今年 11 月在江苏无锡举办。关于如何确立主题，我们在香港和无锡都开过研讨会，国内各方面专家学者、佛教界法师居士以及一些国际佛教界的朋友，都提出了非常宝贵的意见。我们会充分吸收这些意见，提出一个最好的主题，所以到目前为止，大会主题还没有最后确定。

王鲁湘：上一届世界佛教论坛，我们《文化大观园》也去做了一个报道，今年我们希望中国佛协再给我们发出邀请，我们再去做一个报道。

学诚法师：非常欢迎，你们做了大功德。

王鲁湘：好。谢谢学诚法师！谢谢各位！

社会福祉与佛教慈善①

一、社会福祉古今通，慈善兼济实相共

世间常说"哲学是科学之母"，而孙中山说："佛学是哲学之母。"他这话显示了佛学和哲学的重要性，也是赞赏佛教的兼容并包和博大精深。哲学的主要内容是世界观、价值观和方法论。方法论服从价值观，又都基于世界观。在世界观中很重要的是人与自然、人与他人、人与社会的关系，而价值观中人生的幸福和社会的福祉又是核心的思考和追求。

在谈及未来的理想社会时，马克思与恩格斯在1848年《共产党宣言》中说："将是这样一个联合体：在那里，每个人的

---

① 本文发表于中国佛教协会会刊《法音》杂志2009年第2期（总第294期）。

自由发展是一切人的自由发展的条件。"（马克思等，1997年）在这样的社会里，每个人都可以自由、充分地获取物质和精神上的富足和幸福，并促进他人获取同样的富足和幸福。将自己的富足和幸福建立在他人贫乏与痛苦之上的做法是不可以的，即使是只顾自己生活质量的做法也是不可取的，因为只关注自己而得来的幸福注定是肤浅、短暂的，只有为了更多人乃至为了全人类的福祉而努力才可能得到深切、永恒的幸福，这不但是良善之心，更是明智之举。马克思在17岁中学毕业时就很深刻地认识到：要想做一个完美幸福的人，最好的途径就是做最利益他人的事情。他在毕业论文《青年在选择职业时的思考》中说到："在选择职业时，我们应该遵循的主要指针是人类的幸福和我们自身的完美。不应认为，这两种利益会彼此敌对，互相冲突的，一种利益必定消灭另一种利益；相反，人类的天性本身就是这样的：人们只有为同时代人的完美、为他们的幸福而工作，自己才能达到完美。"他认为，只是为自己的人，通过努力也可以获得一定的幸福和名望，但却"永远不能成为完美无疵的伟大人物"。年轻的马克思通过对社会的观察就已经能得到如下结论："历史把那些为共同目标工作因而自己变得高尚的人称为最伟大的人物；经验赞美那些为大多数人带来幸福的人是最幸福的人；宗教本身也教诲我们，人人敬仰的典范，就曾为人类而牺牲自己——有谁敢否定这类教诲呢？"（马克思等，1995 年）马克思是这样认识，自己本身也是这样做的。虽然马克思的一些观点并非世界上所有人都认同，也不一定是无可超越的，但他对人类幸福的认识和追求是深刻而光明的，给人类社会带来了巨大的影响。

在古代中国，崇奉孔子的儒者们倡导孝悌忠信的礼制，而其内心真正期许的是天下为公的大同世界。如《礼记·礼运第九》说："大道之行也，天下为公，选贤与能，讲信修睦。故人不独亲其亲，不独子其子，使老有所终，壮有所用，幼有所长，矜寡孤独废疾者皆有所养，男有分，女有归。货，恶其弃于地也，不必藏于己；力，恶其不出于身也，不必为己。是故谋闭而不兴，盗窃乱贼而不作，故外户而不闭。是谓大同。今大道既隐，天下为家，各亲其亲，各子其子，货力为己。大人世及以为礼，城郭沟池以为固，礼义以为纪，以正君臣，以笃父子，以睦兄弟，以和夫妇，以设制度，以立田里，以贤勇知，以功为己。故谋用是作，而兵由此起。禹、汤、文、武、成王、周公，由此其选也。此六君子者，未有不谨于礼者也，以著其义，以考其信，著有过，刑仁讲让，示民有常。如有不由此者，在势者去，众以为殃。是谓小康。"对"小康社会"乃至"大同世界"的向往，两千多年来深刻影响着中国人的精神世界，当与"天下为公"的大同世界理念相通的共产主义理想及其实践理论马克思列宁主义传入中国时，在灾难困苦的中国很快产生了深刻而长久的共鸣。

可以说，对人生幸福和理想社会的信念和追求在不同历史时空中可能有不同的表现形式和实践方法，但其精神内涵是一脉相通的，"慈善兼济，和谐共生"是其中一个内在的黄金法则。

二、自他相关受恩益，慈善施财合情理

在这个世界上，人不可能完全脱离社会而独立生存，长期隐居深山、与世隔绝的人是极少的。事实是，个人的苦乐与身边的环境乃至社会中的每个人都直接或间接、近切或疏远地相关联。人类社会如同一个庞大的生命体，牵一发而动全身。当世界上有人在遭受饥渴寒热之苦、战争瘟疫之难的时候，衣食富足与和平健康的人如果都不去济苦解难，那么往往就会或早或晚、或多或少、或直接或间接地受到影响乃至祸及，不能获得深切、安稳的幸福和快乐。

从另一方面看，每个人的衣、食、住、行、学习、娱乐等身心需求都直接或间接地取自社会，受益于社会，自己个人劳动和金钱交易只是众多生成因素中的一分。就像种子如果没有土壤、阳光、水、肥料，就不可能长出果实；如果个人或者仅仅一家几口人，隔绝于社会人群，那么劳动的成果就会极其微薄，甚至连一块布、一根针也难以生产。由此可以说：个人生命的维持、财富的获得、智识的成长、尊严的建立完全得益于社会人群。

因此，我们回报社会、慈善兼济，既是一种宽广的胸怀、明睿的理智，也是一种责任和义务。

就中国来说，1978 年改革开放以后，很多人很快地富裕起来。其中的原因除了自身的努力之外，还有国家经济政策的开放以及更多普通老百姓提供的消费市场等。改革开放的总设计师邓小平对于中国社会如何发展，有他自己的思路，下面的话应是大家耳熟能详的："我们的政策是让一部分人、一部分地区先富起来，以带动和帮助落后的地区。先进地区帮助落后地区是一个义务。"他希望通过这种途径，慢慢实现社会的共同富裕。正因为如此，作为社会的组成分子，当我们富裕起来以后，如果忘掉这份义务和责任，就不能不说是一件令人遗憾的事情。

在西方国家，很多人也把回馈社会当作理所应当的义务。世界首富比尔·盖茨前不久宣布将自己全部资产 580 亿美元悉数捐出用作慈善基金。比尔·盖茨之所以能做到这一点，19 世纪的钢铁巨头安德鲁·卡耐基（Andrew Carnegie）对待财富的态度给了他很大的影响。在卡耐基看来，致富的目的应该是把多余的财富回报给同胞，以便为社会带来最大、最长久的价值。不仅如此，他还认为，人并没有权利把所拥有的财富花在自己身上，而应该尽可能地将之贡献于社会。"在巨富中死去，是一种耻辱！"（安德鲁·卡耐基，2005 年）这是卡耐基的经典名言。为什么他会有这样的选择和作为呢？这取决于他对财富的如下认知："财富主要不是个人的产品，而是社会的综合果实。"他认为市场的逻辑必须尊重，他挣的每一分钱都是市场对他创造效率的正当奖赏。通过这种市场竞争的手段，让能创造效率的人把财富集中起来，并以最优的方式重新分配，以实施对大众有利益的公共事业。他在美国各地建了为数众多的公共图书馆，就是这一财富哲学的具体体现。

这种回馈社会的慈善行为表面是在物质上利益了一群人或个别人，而其背后有着深广的社会效应和心理作用。从社会经济角度看，慈善行为归属为第三次分配。北京大学厉以宁教授在《股份制与现代市场经济》一书中，对市场经济条件下收入的三次分配进行了界定：第一次是由市场按照效率原则进行的分配；第二次是由政府按照公平与效率兼顾，侧重公平的原则，通过税收、社会保障支出等进行的再分配；第三次是在道德力量的作用下，通过个人自愿捐赠而进行的分配。（厉以宁，1994 年）一般认为慈善事业就属于第三次分配的范畴。第三次分配是对前两次分配的有益补充，有助于缩小社会人群的贫富差距，更为重要的是有助于倡导一种慈善的氛围。一方面贫困的人群因为能得到富裕人群的帮助而感受到社会大家庭的温暖，另一方面也让物质上已经致富的人群及时找到生命更深层次的意义和价值，不至于落入享乐主义的坑阱，白白浪费社会的财富与宝贵的生命。如爱因斯坦在《我对美国的最初印象》（1921 年）一文中说："美国人非常重视物质生活的享受……在这个国家里，对钱财的过分重视比在欧洲还要厉害，但我看来，这已在减弱。人们终于开始体会到，巨大的财富对愉快和如意的生活并不是必需的。"（《爱因斯坦文集》第三卷）热心于慈善事业的台塑大王王永庆前不久离开人世时，留给子女的遗书中说："如果我们透视财富的本质，它终究只是上天托付作妥善管理和支配之用，没有人可以真正拥有。面对财富问题，我希望你们每一个人都能正确予以认知，并且在这样的认知基础上营造充实的人生……藉由一己力量的发挥，能够对于社会作出实质贡献，为人群创造更为美好的发展前景，同时唯有建立这样的观念和人生目标，才能在漫长一生当中持续不断自我期许勉励，永不懈怠，并且凭以缔造若干贡献与成就，而不虚此生。"[1] 爱因斯坦在《关于财富》（1934 年）一文中还说到："我绝对深信，世界上的财富并不能帮助人类进步，即使它是掌握在那些对这事业最热诚的人的手里也如此。只有伟大而纯洁的人物榜样，才能引导我们具有高尚的思想和行为。金钱只能唤起自私自利之心，并且不可抗拒地会招致种种弊端。"（《爱因斯坦文集》第三卷）

三、慈善是行更是心，自他不二即和谐

就慈善行为本身来说，被救济者急需的是财物，而对慈善者真正起作用的是慈善心。如果没有慈善心，即使有亿万家财，也会捐得很少，甚至一毛不拔。所捐钱物的多少只是在某种程度上体现慈善心的大小，但不能完全代表和替代慈

---

[1]　王永庆留给儿女们的一封信。

善心。可能捐钱很少的穷人更有深切的慈善心。怀有慈善心的人，即使贫穷，也能多少捐助一点，或者使用体力帮助，或者给予言语安慰，都有助于困苦中的人；以后富有时，会捐得更多。至于对立、冲突、战争等，更非仅仅财物所能解决，需要的是发自慈善心的调解和慈善心的感染与启发。因此真正值得赞扬和倡导的不是捐款数额之巨，而是慈善之心。如《读者》杂志 2007 年第 15 期上《慈善的不是钱，是心》所讲述的一个故事：

2007 年 2 月 16 日，刚刚卸任的联合国秘书长安南，在得克萨斯州的一个庄园里举行了一场慈善晚宴，旨在为非洲贫困儿童募捐。应邀参加晚宴的都是富商和社会名流。在晚宴将要开始的时候，一位老妇人领着一个小女孩来到了庄园的入口处，小女孩手里捧着一个看上去很精致的瓷罐。

守在庄园入口处的保安安东尼拦住了这一老一小。"欢迎你们，请出示请柬，谢谢。"安东尼说。

"请柬？对不起，我们没有接到邀请，是她要来，我陪她来的。"老妇人抚摸着小女孩的头对安东尼说。

"很抱歉，除了工作人员，没有请柬的人不能进去。"安东尼说。

"为什么？这里不是举行慈善晚宴吗？我们是来表示我们的心意的，难道不可以吗？"老妇人的表情很严肃，"可爱的小露西，从电视上知道了这里要为非洲的孩子们募捐，她很想为那些可怜的孩子做点事，决定把自己储钱罐里所有的钱都拿出来。我可以不进去，真的不能让她进去吗？"

"是的，这里将要举行一场慈善晚宴，应邀参加的都是很重要的人士，他们将为非洲的孩子慷慨解囊。很高兴你们带着爱心来到这里，但是，我想这种场合不适合你们进去。"安东尼解释说。

"叔叔，慈善的不是钱，是心，对吗？"一直没有说话的小女孩露西问安东尼。她的话让安东尼愣住了。

"我知道受到邀请的人有很多钱，他们会拿出很多钱，我没有那么多，但这是我所有的钱啊！如果我真的不能进去，请帮我把这个带进去吧！"小女孩露西说完，将手中的储钱罐递给安东尼。

安东尼不知道是接还是不接，正在他不知所措的时候，突然有人说："不用了，孩子，你说得对，慈善的不是钱，是心！你可以进去，所有有爱心的人都可以进去。"说话的是一位老头，他面带微笑，站在小露西身旁。他躬身和小露西交谈了几句，然后直起身来，拿出一份请柬递给安东尼："我可以带她进去吗？"

安东尼接过请柬，打开一看，忙向老头敬了个礼："当然可以了，沃伦·巴菲特先生。"

当天慈善晚宴的主角，不是募捐倡议者安南，不是捐出300万美元的巴菲特，也不是捐出800万美元的比尔·盖茨，而是仅仅捐出30美元零25美分的小露西，她赢得了最多最热烈的掌声。而晚宴的主题标语也变成了这样一句话："慈善的不是钱，是心。"第二天，美国各大媒体纷纷以这句话作为标题，报道了这次慈善晚宴。看到报道后，许多普普通通的美国人纷纷表示要为非洲那些贫穷的孩子捐赠。

可以说，慈善文化并不是慈善家所捐助的财富本身，而是在这些捐助行为背后所隐藏的那份充满慈爱的心。基于这种考虑，我们就很容易得出一个结论：参与并从事慈善事业并不是腰缠万贯的企业家的特权，而是每个人都享有的权利。事实上，不可能人人都是亿万富豪或百万富翁，但人人都可以拥有一颗善良真诚的心。这是慈善文化的源头活水，也是终极归趣。通过慈善文化的宣导、慈善捐助的鼓励和慈善行为的实践，使得慈善之人越来越多，慈善之心越来越广，乃至人人深心慈善，那么侵夺、遗弃、冲突等带来的困苦自然消失，即使遇到意外灾难，也能很快由得到近处救助而消减，这可以说便是某种程度上和谐幸福的社会。

四、文化跌荡弱慈善，从容审虑拾传统

观察当今社会慈善状况，可以说是亦喜亦忧。喜的是2008年几起重大灾害发生时，一方有难，八方支援；忧的是这些救援主要是来自政府的投入和要求及一时的带动，而民众平时的慈善意识和习惯非常薄弱。据央视国际2006年2月报道：中华慈善总会每年收到的捐赠大约75%来自国外，15%来自中国的富人，来自平民百姓的仅占总数的10%；相比较而言，美国的慈善捐赠10%来自企业，5%来自大型基金会，来自全国民众的却占到了总数的85%。为什么民众的慈善习惯会有这样大的差距呢？一方面民众贫富的差距是一个原因，另一方面，如上所说，更根本的在于慈善文化的厚薄。美国等西方国家的慈善文化源自几百年来倡导为上帝创造财富和博爱上帝子民的基督教信仰。而在中国，由于复杂的历史原因，蕴含慈善文化约两千年传统的儒释道文化，在近现代虽然深层内涵上仍有某些延续，但表相的内容和形式被近乎完全抛弃，很多精神内涵也

已丢失。新文化建设只有相对短暂的近百年历史，而且经历了跌宕曲折，其中的慈善文化未能得到充足的培育和发展，可以说是历史发展进程中的必然现象。

在跳出了屈辱困苦的火坑之后，从容冷静地回顾和审视中国传统文化，特别是其中的佛教文化，会发现其中所蕴含的慈善精神和教义在新时代、新文化中仍然是适用的、有价值的。如中国佛教协会前会长赵朴初居士 1999 年《在全国政协九届二次会议民族宗教联组会上的发言》中说："我年轻时便信佛，还不懂什么是空想社会主义和科学社会主义，那时我曾同一个美国佛教朋友说：'我是一个社会主义者。'他回答说：'凡是有良心的人，都赞成社会主义。'毛泽东主席说：'佛教的创始人释迦牟尼主张普渡众生，是代表印度受压迫的人讲话。''因此，信教的人和共产党人合作，在为众生即为人民群众解除压迫的痛苦这一点上是共同的。'所谓社会主义与宗教的对立，不是马克思主义宗教观，是苏联在国际共产主义运动中的重大失误。他们企图利用行政力量去消灭宗教，并波及到东欧各国。结果激化了社会矛盾和民族矛盾，当这些国家经济遇到暂时困难时，各类社会矛盾和民族矛盾爆发，葬送了社会主义事业。这个沉痛教训，是他们经济出了问题和宗教政策

失误的结果……宗教要同社会主义社会相适应，社会主义社会
要圆融宗教。这是我们国家、民族和人民的根本利益之所在。"①
江泽民同志于 2001 年在全国宗教工作会议上的讲话中说："我
们鼓励和支持宗教界发挥宗教中的积极因素，为社会发展和稳
定服务，鼓励宗教界多做善行善举。在国家引导和管理下，宗
教组织可以从事一些有益于社会发展的公益、慈善活动。我国
宗教在其产生和发展的过程中，与我国文化的发展相互交融，
吸取了我国建筑、绘画、雕塑、音乐、文学、哲学、医学当中
的不少优秀成分，可以研究和发掘其中的精华。宗教道德的弃
恶扬善等内容，对鼓励广大信教群众追求良好的道德要求有积
极作用。"② 胡锦涛同志 2007 年在十七大报告中说"（要）弘
扬中华文化，建设中华民族共有精神家园。中华文化是中华民
族生生不息、团结奋进的不竭动力"。③

---

① 赵朴初. 在全国政协九届二次会议民族宗教联组会上的发言. 法音
（4），1999 年

② 这篇讲话后来以《论宗教问题》为题，收入到《江泽民文选》第三卷。

③ 2007 年 10 月 15 日，胡锦涛在中国共产党第十七次全国代表大会上作
报告：《高举中国特色社会主义伟大旗帜　为夺取全面建设小康社会新胜
利而奋斗》。

五、中华文化久传扬，佛教慈善行世间

回顾中华民族的历史，可上溯到三皇五帝，他们以德行感召天下，为民众建立福祉，可谓中华民族慈善文化的源头。及至周文王、周武王遵行大道，周公辅以礼乐，开创了悠久的礼乐文明。之后璀璨的礼乐文化集大成于孔子，开演出广博深邃的仁爱学说。深厚的仁爱体验辅以"上善若水"的老子智慧，中华文化变得更加丰满。

佛教于东汉年间自印度正式传入中国，与本土的儒家文化和道家文化相融合，成为中华主流文化的重要组成部分，对于之后的中国历史产生了深远的影响。近代著名政治家、思想家、资产阶级改良派领袖梁启超认为："佛教之信仰，乃智信而非迷信，乃兼善而非独善，乃入世而非厌世。"简明地概括了佛教的基本特点。佛教的智，可通达宇宙人生一切真相；佛教的善，可给予一切众生究竟安乐。由此可知，佛教自然是入世的宗教，否则何以度化众生，令之得智慧，令之得安乐？著名美学家和文艺理论家朱光潜说："佛教以出世的精神，干入世的事业。"（《心与禅·代序二》）如《大智度论》说："声闻、辟支佛法中，不说世间即是涅槃。何以故？智慧不深入诸法故。菩萨法中，说世间即是涅槃，智慧深入诸法故……涅槃不异世

间，世间不异涅槃，涅槃际、世间际，一际无有异故。"（卷第十九）唐朝贤首大师在《华严经探玄记》中说："初，大智离过，不住生死；次，大悲摄生，不住涅槃。"（卷第二）这是大乘菩萨以出世情怀做入世事业的心智境界。佛教空有不二的甚深教义与慈悲济世的广博情怀，为慈善文化提供了丰厚的精神资源。

佛教的慈悲跨出家族、超越国界，包容一切文明、一切人群，不仅慈悲穷人，也慈悲富人，因为穷人有物质缺乏的困苦，富人有精神心灵的苦恼；不仅慈悲赞同自己的人，也慈悲不赞同自己的人，因为众生都有苦恼，且息息相关，都于自己或现在、或过去、或将来、或直接、或间接有恩益。佛教倡导上报四重恩（父母恩、众生恩、国家恩、三宝恩）、下济三途苦（地狱苦、饿鬼苦、畜生苦），倡行慈悲不舍众生、智慧不拘一法，即所谓"普渡众生"、"无缘大慈"、"同体大悲"。佛教慈善的精神和教义能与任何时代、任何地区、任何民族的任何文化中的优秀部分相协调、相彰显，具有亘古常新的普世价值。

六、慈悲智慧无障碍，自利利他本一体

佛教极力倡行慈悲，并将其视为佛法根本。如《佛说观无

量寿佛经》说："诸佛心者，大慈悲是。"《十住毗婆沙论》说："诸佛法无量无边无尽如虚空，悲心是诸佛法根本。能得大法故，名为大悲。"（卷第十七）《华严经·普贤行愿品》说："诸佛如来以大悲心而为体故。因于众生而起大悲，因于大悲生菩提心，因菩提心成等正觉……以于众生心平等故，则能成就圆满大悲；以大悲心随众生故，则能成就供养如来。"（卷第四十）《大丈夫论》说："若人巨富，多饶财宝，但自食啖，不与他人，为人所呵；虽有智慧、多闻，若无悲心，亦为人之所讥呵。若见苦恼众生，难得悲心者，非功德器，犹如破器不任盛水；有悲心者见苦众生，虽不能救济，可不能叹言'苦哉众生！'"（卷下）《优婆塞戒经》说："善男子！智者应当作如是观：一切烦恼是我大怨，何以故？因是烦恼能破自他。以是因缘，我当修集慈悲之心，为欲利益诸众生故，为得无量纯善法故。若有说言：离于慈悲得善法者，无有是处。如是慈悲能断不善，能令众生离苦受乐，能坏欲界……众生若能修集慈心，是人当得无量功德……修慈之人先从亲起，欲令受乐；此观既成，都及怨家。善男子！起慈心时，有因戒起，有因施起。若能观怨作子想者，是名得慈……若能观怨一毫之善，不见其恶，当知是人名为习慈。若彼怨家设遇病苦，能往问讯、瞻疗所患、给其所需，当知是人能善修慈。善男子！若能修忍，当知即是修慈因缘。如是慈心即是一切安乐因缘。若能修慈，当知是人能破一切憍慢因缘。"（卷第七）

佛教还极力倡导学修智慧，慈悲与智慧结合才是完善的。如《大智度论》说："菩萨教诸众生当学智慧。智慧者，其明第一，名为慧眼。若无慧眼，虽有肉眼，犹故是盲……一切有为法中，智慧为上……住智慧山顶，无有忧患。"（卷第三十）《大丈夫论》说："有悲无智，非智者所爱；有智无悲，亦非智者所爱，能障无上道。智不与悲心相应，能障无上道智，菩萨以为无智。"（卷下）《摄大乘论释》说："双修习慧悲，能作他利乐，利他行正道，一向趣菩提。"（卷第五）

世人常以农夫以身体温暖冻僵的毒蛇而被毒蛇咬死的寓言批评滥慈悲，其实慈悲善心是绝对可贵的，只是方法还要得当，即还要有智慧善巧。要认识众生的烦恼恶习，更增慈悲之心，同时还应采用善巧的方法，并适当保护自己。如《优婆塞戒经》说："世尊！云何而得修于悲心？善男子！智者深见一切众生沉没生死苦恼大海，为欲拔济，是故生悲……又见众生造身、口、意不善恶业，多受苦果，犹故乐著，是故生悲……又见众生虽欲求乐，不造乐因，虽不乐苦，喜造苦因，欲受天乐，不具足戒，是故生悲……又见众生受身、心苦而更造业，是故生悲……又见众生处刀兵劫更相残害，恶心增盛，当受无量苦报之果，是故生悲。"（卷第一）《佛说演道俗业经》说："大慈大哀，不舍权慧。"《优婆塞戒经》说："菩萨亦应拥护自身，若不护身，亦不能得调伏众生。菩萨不为贪身、命、财，护身、命、财皆为调伏诸众生故。"（卷第二）又说："菩萨虽复不惜身命，然为护法应当爱惜。"（卷第七）

《菩提道次第广论》说："菩萨身等虽已至心先施有情，然乃至未广大悲意乐、不厌乞求肉等难行，纵有求者，亦不应舍。《集学论》云："'由何能令精进厌患？谓由少力而持重物，或由长夜而发精进，或由胜解尚未成熟而行难行。'如施肉等，此虽将身已施有情，然于非时唯应遮止，不令现行。若不尔者，能使菩萨厌诸有情，由此失坏菩提心种，故即失坏极大果聚。……就所为门不应舍者，若为小事，不应舍身。即前论云：'能行正法身，为小不应损，如是能速满，诸有情意乐。'若就自分已离悭等布施障碍，而就他分若不舍身，能办众多有情利义大事之时，有求肢等，亦不应施……若诸疯狂心乱有情来乞求者，亦不应与，此等非是实心来求，唯于众多浮妄言故。非但不施此等无罪，施则成犯。除此等时来求身者，则应施与。

此复有二：谓割身支等毕竟施与，及为办他如法事故，为作仆等暂施自在……就所为门不应舍者：若有来乞毒、火、刀、酒，或为自害或为害他，即便施与；若有来乞戏乐等具，能令增长堕恶趣因，是应呵止，反施彼物；若有来求或来学习罩罗置羁为害有情，教施彼等……行财施之时，来二求者，一贫一富，应如何施？先作是念：'设二求者来至我所，若堪于二充足满愿，即当俱施，满愿充足。若不堪者，则当圆满贫者所愿。'由其先作如是念故，若不能满二所欲时，即当满足贫者所愿，应以软语晓喻富者，告曰：'贤首！我此资具于此贫者先已舍讫，切莫思为特不施汝。'受菩萨律初发业者，如是学施极为紧要……不能舍时当如何行者。若有求者正来求时，为悭覆者，应作是思：'此可施物定当离我，此亦弃我，我亦舍此，故应舍此，令意喜悦，摄取坚实以为命终。若舍此者，则临终时不贪财物，无所忧悔，发生喜乐。'如是思已，仍不能舍，如《勇利经》说：'应以三事晓喻求者，谓：我现今施力微弱、善根未熟，于大乘中是初发业，随不舍心自在而转，住于取见我、我所执，唯愿善士忍许，不生忧恼。如何能满汝及一切有情意乐，我当如是渐次而为。'此是断余不信过失，非无悭过，《集学论》说菩萨悭吝是应呵责，然如是行似能遮免'由悭不施财法他胜（他胜罪，即根本重罪）'。《摄波罗蜜多论》亦云：'若有求者现在前，力极微故不能施，必令求者不退弱，应以软语慰其意。以后若再来前乞，必定不应令失悔，当除悭吝诸过失，为断爱故应勤修。'"（卷第十一）

《瑜伽师地论·初持瑜伽处戒品》说："若诸菩萨安住菩萨净戒律仪，于诸暴恶犯戒有情怀嫌恨心、怀恚恼心，由彼暴恶犯戒为缘，方便弃舍，不作饶益，是名有犯、有所违越，是染违犯（染污心违犯）。若由懒惰、懈怠弃舍，由忘念故，不作饶益，是名有犯、有所违越，非染违犯（是违犯，但非染污心）。何以故？非诸菩萨于净持戒、身语意业寂静现行诸有情所起怜愍心，欲作饶益，如于暴恶犯戒有情于诸苦因而现转者。无违犯者，谓心狂乱，或欲方便调彼伏彼，广说如前；或为将护多有情心，或护僧制，方便弃舍，不作饶益，皆无违犯……若诸菩萨安住菩萨净戒律仪，见诸有情为求现法、后法事故广行非理，怀嫌恨心、怀恚恼心，不为宣说如实正理，是名有犯、有所违越，是染违犯。若由懒惰、懈怠所蔽，不为宣说，非染违犯。无违犯者，若自无知，若无气力，若转请他有力者说，若即彼人自有智力，若彼有余善友摄受，若欲方便调彼伏彼，广说如前；若知为说如实正理，起嫌恨心，若发恶言，若颠倒受，若无爱敬；若复知彼性弊忧悷，不为宣说，皆无违犯……若诸菩萨安住菩萨净戒律仪，怀嫌恨心，于他有情不随心转，是名有犯、有所违越，是染违犯。若由懒惰、懈怠、放逸，不随其转，非染违犯。无违犯者，若彼所爱非彼所宜；若有疾病，若无气力，不任加行；若护僧制；若彼所爱虽彼所宜，而于多众非宜非爱；若为降伏诸恶外道；若欲方便调彼伏彼，广说如前，不随心转，皆无违犯。"（卷第四十一）

在慈悲、智慧的摄持下，利他即成自利，自利促进利他，因为行善利他，即使不求果报，也自然会感得善果，即得自利；自己勤修福德、智慧，才能更好地利他，于是成就自他不二、和谐共进的生命境界。如《十住毗婆沙论》说："菩萨于他事，心意不劣弱，发菩提心者，他利即自利。"（卷第七）《优婆塞戒经》说："不念自利，常念利他，身口意业所作诸善终不自为，恒为他人，是名实义菩萨……自利益者，不名为实；利益他者，乃名自利。何以故？菩萨摩诃萨为利他故，于身命财不生悭吝，是名自利。菩萨定知若用声闻、缘觉、菩提教化众生，众生不受，则以天人世乐教之，是名利他。利益他者，即是自利。菩萨不能自他兼利，唯求自利，是名下品。何以故？如是菩萨于法、财中生贪著心，是故不能自利益也。行者若令他受苦恼，自处安乐，如是菩萨不能利他。若自不修施、戒、多闻，虽复教他，是名利他，不能自利。若自具足信等五根，然后转教，是名菩萨自利利他。"（卷第二）《优婆塞戒经》又说："善男子！智者施时不为果报。何以故？定知此因必得果故。"（卷第五）《俱舍论实义疏》说："修福及智所得果，皆为利他非自利，犹月光净照十方，世尊悲愿亦如是。又颂云：回施之福及利己，自修回施二福德，复因利乐诸有情，如上众多福智聚，果证非他遂自得，行愿福及回施福，自他俱利不唐捐。如是虽说自利，从因及果亦能利他人。有颂言：乳母甘膳用资身，为子获安非为己，佛修福智趣菩提，本为利生非为自。"（卷第一）《佛说法集经》说："自利、利他无有二相，以同事行故。"《佛说出生菩提心经》说："自发菩提心，复脱多众生，为世作利益，故名佛导师。成就自利益，复令他解脱，此彼无差别，故名不思议。"

七、愿行相扶修大乘，六度四摄施为首

我们怎样修学慈悲智慧、践行佛教慈善、成就自利利他呢？

首先应该了解、理解，进而发心、发愿，也就是要了解自他困苦、国家危难、世界危机等，理解共业关系、因果道理、

慈善利益等，进而发愿，以愿导行。世俗常讲立志，没有大志，不成大事，没有大愿，不成大行，也就是格局决定结局。如宋朝元照律师《佛说阿弥陀经义疏闻持记》说："菩萨修行以愿为本，若无愿力，万行徒施，所以经中劝令发愿。"（卷中）元朝清远法师《圆觉疏钞随文要解》说："若无愿力要期，则不能悲智相导而成无住行。由大悲故不住涅槃，由大智故不住生死，离此二边，得成中道，皆大愿力故。"（卷第三）要发大愿，坚决做，不后悔，不退缩，才可能成就广大的社会福祉和殊胜的自他利益。如唐朝宗密禅师《大方广圆觉修多罗了义经略疏注》说："当发菩萨清净大愿，弥伦诸行，速至佛果。若无愿力，则多退转。"（卷下）所以应该多了解社会现实、生命真相、佛法道理，策发大愿，真实发愿利益国家人民、世界人类，乃至一切众生，给予他们现前、长远乃至究竟的安乐。这是释迦牟尼佛的心愿，也是历代祖师菩萨的大愿，当然也是我们每一个佛弟子应发的大愿。很多人会怀疑这样的大愿能够实现的可能性，而这恰恰就是佛法不同世间法之处：结果能否呈现，全凭因地是否种下了相应的因。因圆满，果就圆满，这就是因果必然的法则。就现实来讲，人的财富或有多寡，地位或有高低，能力或有强弱，然而这种普念一切有情苦乐的胸怀却可以一样宽广，利益众生的心志可以一样坚决，行动可以一样笃实，因而最终的成就可以一样圆满。《大智度论》说："何故说欲满一切众生愿，当学般若波罗蜜？答曰：有二种愿，一者可得愿，二者不可得愿。不可得愿者，有人欲筹量虚空、尽其边际，及求时方边际，如小儿求水中月、镜中像，如是等愿皆不可得。可得愿者，钻木求火、穿地得水，修福得人天中生，及得阿罗汉、辟支佛果，乃至得诸佛法王，如是等皆名可得愿。"

（卷第三十）

释迦牟尼佛在出家修行证道以前，曾是北天竺迦毗罗卫国净饭王的太子，因不忍心看到众生所遭受的种种老、病、死等苦，而发愿寻找解脱一切痛苦的方法，于是出家修道，最终证悟宇宙人生的真相。最后的结果是，众生的苦还没有解决，他自己的苦就已经彻底解决了，这样也就具备和拥有了帮助众生解脱一切痛苦的能力与方法。之后的四十几年间，释迦牟尼佛及其众多弟子，四处游历，随缘教化，救度众生无以计数。不仅如此，所讲无量经典流传后世，泽被众生，给无数迷茫有情指明了人生的方向和生命的究竟意义。因为佛因地所发誓愿无限，因此证果时所获功德也就无限，对众生影响的时间无限、空间无限，程度也无限。因此，我们任何一个看似平凡的人，要想在有限的人生与有限的时空因缘条件下，实现无限生命的价值和无限宽广的佛法事业，就需要有无限的大愿。这最美的愿，就是最初佛所发的菩提心愿。这是觉悟的愿，却又充满着阳光一样的温暖；这是永恒的愿，却又像流水一样连绵不断；这是最初的愿，却又像鹄的一样预示着终点。这愿充满了慈悲，又充满了智慧，足以让冰冷的心灵变得温暖，黑暗的场所获得光明。发这样的愿并非释迦牟尼佛的特权，也非历代祖师菩萨所专有，任何一个平凡的人都可以发这样的愿，任何一个平凡的人也都能够发这样的愿，不单单是为了别人，也是为了自己；不单单是为了以后，也是为了眼前。明朝《无异禅师广录》说："法门无量，愿为先导，世出世法，无愿不成。愿者，好也，欲也，欲舍离一切恶法故，欲破除无明结使故，欲入诸菩萨甚深法门故，欲广行善法、饶益有情故，欲化诸众生同成佛道故。若无有愿，如画无胶，如马无辔，如陶家器虽成其坯，未经火煅，终不堪用。是故初心学者及诸菩萨，以愿为基本……若无愿力者，譬如种子无阳，悉烂坏故。此愿力非但比丘能发，诸宰官亦当发；岂但宰官有权位能发，即一切长者、居士，乃至最卑微无势者，皆悉当发此誓愿，自度度人，将所修功德悉皆回向大地众生同成佛道。此即觉心。觉心者，即菩提心也。此心不可分发，当全发。又不可间发，当时时发、数数发，对佛发，对菩萨发，对圣僧发，对善知识亦发，对一切僧友及有情、一切众生前，悉当发。以此大心，直至成佛，皆愿力故。故知愿力乃佛法先导……如初心发愿，慎不可生卑劣想。当发菩提心，凡所修最微善根及最殊功德，悉皆发愿回向于大地众生同成佛道。纵于其中颠倒退堕，亦藉愿力相资，如无目人有牵引者，能前进故。修净土者，以信、行、愿为资粮。参禅者，安得不以愿力为导引耶？在家欲舍尘劳，欲离火宅，欲出生死，欲免轮回，非愿力坚强则不能也。是故当发大愿！岂以卑劣，而不发大心乎？！若达平等实相，一微细众生与毗卢遮那佛等无有异。《华严疏》谓遮那如来入一微细众生身中入定，全身不散，此众生不觉不知，谓佛生同体故，理无分齐故。《维摩经》谓供养难胜如来与最下乞者等，斯达实相之理，无所分别。以此观人有贵贱、位有尊卑，而心无高下也。是故当发大心，以愿力维持，直成佛道，似不可须臾有间然也。"（卷第二十二）

愿心策发以后，不论大小强弱，当随力付诸行动，在行动中滋养愿心，愿、行相扶，辗转增上。如唐朝清凉国师《华严经随疏演义钞》说："愿行相扶，如轮致远。"（卷第八十五）大乘菩萨行以六度（又称六波罗蜜，即布施、持戒、忍辱、精进、禅定、智慧）与四摄（布施、爱语、利行、同事）为纲，勤修六度成就自利，广行四摄切实利他，自利利他融成一体。如八十卷《华严经》说："六波罗蜜、四摄法出生大乘。"（卷第五十八）《小品般若波罗蜜经》说："过去诸佛皆从六波罗蜜生，未来诸佛皆从六波罗蜜生，现在十方无量阿僧祇世界诸佛皆从六波罗蜜生，又三世诸佛萨婆若（即一切智）皆从六波罗蜜生。何以故？诸佛行六波罗蜜，以四摄法摄取众生，所谓布施、爱语、利益、同事，得阿耨多罗三藐三菩提。"（卷第八）《大乘庄严经论》说："若诸菩萨欲摄徒众者，一切皆须依此四摄以为方便。何以故？由一切大利得成就故，由是乐易方便故，由得诸佛称扬故……此四摄是成熟众生道，非余诸道，余道无体故……菩萨以此六行行此四摄，显示六波罗蜜，成就自利利他。四摄成就亦尔。"（卷第八）《大乘庄严经论》还说："菩萨行六波罗蜜时，如其次第，于彼受用令不乏故，不恼彼故，忍彼恼故，助彼所作令不退故，以神通力令归向故，以善说法断彼疑故，菩萨如是利他即是自利，为他所作即自所作，由此因缘得大菩提故。"（卷第七）

六度、四摄皆以布施为首，可知布施是大乘菩萨道的首要，也是佛教慈悲济世情怀和因果缘起智慧的明显体现。《大乘理趣六波罗蜜多经》说："其布施者，于六度中最易修习，是故先说。譬如世间诸所作事，若易作者先当作之，是故先说布施波罗蜜多。一切有情无有不能行布施者，若药叉、若罗刹、狮子、虎狼，及诸狱卒、屠儿、魁脍，此等众生于有情中极为暴恶，尚能离悭而行布施。云何布施？所谓养育男女、慈念乳哺。然此众生虽不能知福利之事，以怜爱故，令得色、力、寿命、安乐，离饥渴苦，亦名布施。以是义故，于六波罗蜜多先说檀波罗蜜。又如一切贫穷有情饥寒裸露、身心不安，何能造作种种事业？若与衣食令得安乐，然后能修种种事业。菩萨摩诃萨亦复如是，见诸有情贫穷所逼，不能发起无上信心、修行大乘种种事业，先施一切衣服饮食、房舍卧具、病瘦医药，令心安乐，然后令发无上正等觉心，修行大乘种种事业。以是义故，六度彼岸布施为门，四摄之行而为其首，犹如大地，一切万物依之生长。以是义故，先说布施波罗蜜多。"（卷第四）

《优婆塞戒经》说："智人行施为怜愍故，为欲令他得安乐故，为令他人生施心故，为诸圣人本行道故，为欲破坏诸烦恼故，为入涅槃断于有故。"（卷第五）《大智度论》说："过去诸佛初发心时，皆以少多布施为因缘，如佛说是布施是初助道因缘。复次，人命无常，财物如电，若人不乞，犹尚应与，何况乞而不施？以是应施，作助道因缘。复次，财物是种种烦恼罪业因缘，若持戒、禅定、智慧种种善法，是涅槃因缘。以是故，财物尚应自弃，何况好福田中而不布施？譬如有兄弟二人，各担十斤金行道中，更无余伴。兄作是念：我何以不杀弟取金？此旷路中人无知者。弟复生念，欲杀兄取金。兄弟各有恶心，语言视瞻皆异。兄弟即自悟，还生悔心：我等非人，与禽兽何异！同生兄弟，而为少金故而生恶心。兄弟共至深水边，兄以金投着水中，弟言：善哉！善哉！弟寻复弃金水中，兄复言：善哉！善哉！兄弟更互相问：何以故言善哉？各相答言：我以此金故，生不善心，欲相危害，今得弃之，故言善哉。二辞各尔。以是故，知财为恶心因缘，常应自舍，何况施得大福而不施？"

（卷第二十二）

《大智度论》又说："譬如失火之家，黠慧之人明识形势，及火未至，急出财物，舍虽烧尽，财物悉在，更修室宅。好施之人亦复如是，知身危脆、财物无常，修福及时，如火中出物，后世受乐，亦如彼人更修宅业，福庆自慰。愚惑之人但知惜屋，匆匆营救，狂愚失智，不量火势，猛风绝焰，土石为焦，翕响之间，荡然夷灭，屋既不救，财物亦尽，饥寒冻饿，忧苦毕世。悭惜之人亦复如是，不知身命无常、须臾叵保，而更聚敛，守护爱惜，死至无期，忽焉逝没，形与土木同流，财与委物俱弃，亦如愚人忧苦失计。复次，大慧之人、有心之士乃能觉悟，知身如幻、财不可保，万物无常，唯福可恃，将人出苦，津通大道。复次，大人大心能大布施，能自利己；小人小心不能益他，亦不自厚。复次，譬如勇士见敌，必期吞灭，智人慧心，深得悟理，悭贼虽强，亦能挫之，必令如意，遇良福田，值好时节（时，应施之时也，遇而不施，是名失时），觉事应心，能大布施。复次，好施之人为人所敬，如月初出无不爱者，好名善誉周闻天下，人所归仰，一切皆信。好施之人贵人所念，贱人所敬，命欲终时其心不怖。如是果报今世所得，譬如树花；大果无量，后世福也。生死轮转，往来五道，无亲可恃，唯有布施。若生天上人中，得清净果，皆由布施。象马畜生得好枥养，亦是布施之所得也。布施之德，富贵欢乐，持戒之人得生天上，禅智心净，无所染著，得涅槃道。布施之福是涅槃道之资粮也：念施故欢喜，欢喜故一心，一心观生灭无常，观生灭无常故得道……为道故施，清净心生，无诸结使，不求今世、后世报，恭敬怜愍故，是为净施。净施是趣涅槃道之资粮，是故言为道故施。若未得涅槃时，施是人天报乐之因……是净施相乃至无量世，世世不失，譬如券要，终无失时。是布施果因缘和合时便有，譬如树得时节会，便有花叶果实，若时节未至，有因而无果。是布施法，若以求道，能与人道。何以故？结使灭名涅槃。当布施时，诸烦恼薄故，能助涅槃。"（卷第十一）

《优婆塞戒经》说："善男子！若有于财、法、食生悭，当知是人于无量世得痴贫报。是故菩萨修行布施波罗蜜时，要作自利及利益他。善男子！若人乐施，一切怨仇悉生亲想，不自在者皆得自在。信施因果，信戒因果，是人则得成就施果……如是布施，即能庄严菩提之道。远离烦恼，多财巨富，名施正果；寿命、色、力、安乐、辩才，名施余果……智者复观世间若有持戒、多闻，持戒、多闻因缘力故，乃至获得阿罗汉果，虽得是果，不能遮断饥渴等苦。若阿罗汉难得房舍、衣服、饮食、卧具、病药，皆由先世不施因缘。破戒之人若乐行施，是人虽堕饿鬼、畜生，常得饱满，无所乏少。善男子！除布施已，不得二果：一者自在，二者解脱。若持戒人虽得生天，不修施故，不得上食、微妙璎珞。若人欲求世间之乐及无上乐，应当乐施。智者当观生死无边，受乐亦尔，是故应为断生死施，不求受乐。复作是观：虽复富有四天下地，受无量乐，犹不知足。是故我应为无上乐而行布施，不为人天。何以故？无常故，有边故。"（卷第四）

八、深广慈善次第行，百千万种随缘施

已证得涅槃之乐而且体悟空有不二的佛陀，深知众生仍在恶业烦恼之中经受种种痛苦，大慈悲心的力量推动着他不停息地饶益众生。众生之苦体现在身、心方面，佛便教导弟子以财施、无畏施、法施分别饶益。如《大智度论》说："菩萨常行三种施，未曾舍废，财施、法施、无畏施，是名檀波罗蜜。"（卷第八十一）以财布施，使众生远离贫困饥寒之苦，得到衣食丰足之乐；施以无畏，使众生远离怖畏惊恐之苦，得到平安温馨之乐；以法布施，使众生远离惑业缠缚之苦，得到清净自在之乐。由此可知，佛教利益众生绝非浅尝辄止，而是步步深入，层层递进，直至将最究竟圆满的安乐带给众生。然而，目标固然高远，却要从眼前现实的缘起开始做起，给予众生当前所需。如《大智度论》说："【经】欲满一切众生所愿，衣服、饮食、卧具、涂香、车乘、房舍、床榻、灯烛等，当学般若波罗蜜。【论】可得愿有二种：一谓世间，二谓出世间。是中世间愿故，满众生愿。云何得知？以饮食、床卧具乃至灯烛，所须之物皆给与之。问曰：菩萨何以故与众生易得愿，不与难者？答曰：愿有下、中、上。下愿令致今世乐因缘，中愿与后世乐因缘，上愿与涅槃因缘。是故先

与下愿，次及中愿，然后上愿……菩萨法者，常与众生种种利益，不应有舍。所以者何？初心但欲令诸众生行大乘法，以不堪受化，次与声闻、辟支佛道；若复不能，当与十善、四梵行等，令修福德；若众生都不乐者，如是众生不应遗舍，当与今世利益，所谓饮食等也。"（卷第三十）

众生的困苦和需求是常时存在、多种多样的，因此慈善布施的对象和途径也是多种多样的，大到维护和平、抗险救灾，小到扶老携幼、端茶送水等，随时随处、随缘随力而行，勿以事大而退缩，勿以善小而不为。如《优婆塞戒经》说："自于财宝破悭不吝，若好、若丑、若多、若少，牛羊、象马、房舍、卧具、树林、泉井、奴婢、仆使、水牛、驼驴、车乘、辇舆、瓶瓮、釜镬、绳床、坐具、铜铁瓦器、衣服、璎珞、灯明、香花、扇盖、帽履、机杖、绳索、犁耨、斧凿、草木、水石，如是等物，称求者意，随所须与，是名财施。若起僧坊及起别房，如上施与出家之人……善男子！若人有财，见有求者，言无言懅，当知是人已说来世贫穷薄德，如是之人名为放逸。善男子！无财之人自说无财，是义不然。何以故？一切水草，人无不有。虽是国主，不必能施；虽是贫穷，非不能施。何以故？贫穷之人亦有食分，食已洗器，弃荡涤汁，施应食者，亦得福德。若以尘麨施于蚁子，亦得无量福德果报。天下极贫，谁当无此尘许麨也？谁有一日食、三揣麨命不全者？是故诸人应以食半施于乞者。善男子！极贫之人谁有赤裸无衣服者？若有衣服，岂无一线施人系疮、一指许财作灯炷耶？善男子！天下之人谁有贫穷当无身者？如其有身，见他作福，身应往助，欢喜无厌，亦名施主，亦得福德，或时有分，或有与等，或有胜者。以是因缘，我受波斯匿王食时亦咒愿：王及贫穷人所得福德等无差别。善男子！如人买香，涂香、末香、散香、烧香，如是四香有人触者、买者、量者等闻无异，而是诸香不失毫厘。修施之德亦复如是，若多、若少、若粗、若细，若随喜心，身往佐助，若遥见闻，心生欢喜，其心等故，所得果报无有差别。善男子！若无财物，见他施已，心不喜信，疑于福田，是名贫穷。若多财宝，自在无碍，有良福田，内无信心，不能奉施，亦名贫穷。是故智者随有多少，任力施与。"（卷第四）

《优婆塞戒经》又说："若人多财，无量岁中供养三宝，虽得无量福德果报，不如劝人共和合作。若人轻于少物、恶物，羞不肯施，是人增长来世贫苦。若人共施财物，福田、施心俱等，是二得果无有差别……智者若有财宝物时，应当如是修行布施。如其无财，复当转教余有财者令作是施，若余施主先知此法不须教者，应以身力往佐助之。若穷无物，应诵医方、种种咒术，求钱汤药，须者施之，至心瞻病，将养疗治，劝有财者和合诸药……善男子！有智之人求菩提时，设多财宝，亦当读诵如是医方，作瞻病舍，具病所须，饮食汤药以供给之。道路凹凸，平治令宽，除去刺石、粪秽不净。险处所须，若板、若梯、若缘、若索，悉皆施之。旷路作井，种果树林，修治泉潢。无树木处为畜竖柱，负担息处为作基埵。造立客舍，具诸所须：瓶盆、烛灯、床卧、敷具。臭秽流处为作桥磴，津济渡头施桥船筏，不能渡者自往渡之，老小羸瘦无筋力者，自手携将而令得过。路次作塔，种花果树。见怖畏者辄为救藏，以物善语诱喻捕者。若见行者次至险处，辄前扶接令得过险。若见失土破亡之人，随宜给与，善言慰喻。远行疲极，当为洗浴，按摩手足，施以床座，若无床座，以草为敷。热时以扇，衣裳作荫；寒时施火，衣服温暖。若自为之，若教人为。贩卖市易，教令依平，无贪小利、共相中欺。见行路者，示道非道，道者所谓多饶水草、无有贼盗，宣说非道多诸患难。见人靴量、衣裳、钵盂朽故坏者，即为缝补、浣染、熏治。有患鼠蛇、壁虱、毒虫，能为除遣。施人如意、摘抓、耳钩。缝治、浣濯招提僧物，谓坐卧具。厕上安置净水、澡豆、净灰土等。若自造作衣服、钵器，先奉上

佛，并令父母、师长、和上先一受用，然后自服……见远至者
濡言问讯，施以净水洗浴身体，与油涂足、香花、杨枝、澡豆、
灰土、香油、香水、蜜毗、钵罗、舍勒、小衣，作涂油者洗已，
复以种种香花、丸药、散药、饮食、浆水随所须施。复施剃刀、
漉水囊等，针缕、衣纳、纸笔墨等。若不能常，随斋日施。若
见盲者，自前捉手、施杖、示道。若见有苦：亡失财物、父母
丧没，当以财给、善语说法、慰喻劝谏，善说烦恼、福德二果。
善男子！若能修集如是施者，名净施主。"（卷第五）

九、众善兼备助布施，渐次修学得圆满

在实际布施的时候，如果能具备其他的善法来配合，特别
是以持戒、忍辱、精进、禅定、智慧等五度来辅助布施，可使
布施更加清净、持久、深广、圆满，远离污垢和缺憾。如《大
智度论》说："菩萨以方便力故，行一波罗蜜能摄五波罗蜜。
复次，有为法因缘果报相续故，相成善法。善法因缘故，是波
罗蜜皆是善法故，行一则摄五，以一波罗蜜为主，余波罗蜜有分。
有菩萨摩诃萨深行檀波罗蜜（即布施度），安住檀波罗蜜中布
施众生时得慈心，从慈能起慈身、口业，是时菩萨即取尸罗波
罗蜜（即持戒度）。何以故？慈业是三善道、尸罗波罗蜜根本，

所谓不贪、不瞋、正见，是三慈业能生三种身业、四种口业。慈即是善业，为利益众生，故名为慈。取羼提波罗蜜（即忍辱度）者，菩萨为一切智慧故布施，受者瞋，若施主唱言'我能一切施'，受者不得称意，便作是言：'谁使汝请我，而不随我意？'瞋者是心恶业，骂者是口恶业，打害者是身恶业。瞋有上、中、下，上者害杀，中者骂詈，下者心瞋。尔时菩萨不生三种恶业（身、口、意恶业），意业是根本故，但说意业，作是念：'是我之罪。我请彼人而不能得称意，由我薄福，不能具足施与。我若瞋者，既失财物，又失福德，是故不应瞋。'取毗梨耶波罗蜜（即精进度）者，若菩萨布施时，受者打害，心不没不舍，布施如先说。为布施故，身心勤精进，作是念：'我先世不强意布施故，今不能得称受者意，但当勤布施，不应计余小事。'取禅波罗蜜（即禅定度）者，菩萨布施，不求今世福乐，亦不求后世转轮圣王、天王、人王，亦不求世间禅定乐，为众生故，不求涅槃乐，但摄是诸意在一切种智中，不令散乱。取般若波罗蜜（即智慧度）者，菩萨布施时，常观一切有为作法虚诳、不坚固、如幻如梦。施众生时，不见有益无益。何以故？是布施物非定是乐因缘，或时得食腹胀而死，或时得财为贼所害，亦以得财物故，生悭贪心而堕饿鬼中，又此财物有为相故，念念生灭，无常生苦因缘。复次，此财物入诸法实相毕竟空中不分别有利、无利。是故菩萨于受者不求恩分，于布施不望果报。设求报，若彼不报，则生怨恨。菩萨作是念：'诸法毕竟空故，我无所与。若求果报，当求毕竟空阿耨多罗三藐三菩提。'如布施相，是故不见有益；以毕竟空故，亦不见无益。如是于檀波罗蜜边取五波罗蜜。"（卷第八十）

《大智度论》又说："【经】菩萨摩诃萨住尸罗波罗蜜中，身口意生布施福德，助阿耨多罗三藐三菩提。持是功德不取声闻、辟支佛地。住尸罗波罗蜜中，不夺他命，不劫夺他物，不行邪淫，不妄语，不两舌（即不离间语），不恶口，不绮语，不贪嫉，不瞋恚，不邪见。所有布施，饥者与食，渴者与饮，须乘与乘，须衣与衣，须香与香，须璎珞与璎珞，涂香、卧具、房舍、灯烛，资生所须尽给与之。持是布施与众生共之，回向阿耨多罗三藐三菩提，如是回向不堕声闻、辟支佛地。须菩提！是为菩萨摩诃萨住尸罗波罗蜜取檀波罗蜜……菩萨从初发心乃至坐道场，于其中间若一切众生来瞋恚骂詈、若节节支解，菩萨住于忍辱，作是念：'我应布施一切众生，不应不与。是众生须食与食，须饮与饮，乃至资生所须尽皆与之。'持是功德与一切众生共之，回向阿耨多罗三藐三菩提。是菩萨回向时不生二心：谁回向者？回向何处？是为菩萨住羼提波罗蜜取檀波罗蜜……菩萨住毗梨耶波罗蜜，身心精进，不懈不息，作是念：'我必应当得阿耨多罗三藐三菩提，不应不得。'是菩萨为利益众生故，往一由旬，若百千万亿由旬，若过一世界，若过十世界，若过百千万亿世界，住毗梨耶波罗蜜中，若不能得一人教令入佛道中、若声闻道中、若辟支佛道中，或得一人教令行十善道，精进不懈法施及以财施令具足。持是功德与众生共之，回向阿耨多罗三藐三菩提，不回向声闻、辟支佛地，是为菩萨住毗梨耶波罗蜜取檀波罗蜜……菩萨摩诃萨住禅波罗蜜，离诸欲，离恶不善法，有觉有观，离生喜乐，入初禅、第二、第三、第四禅，入慈悲喜舍，乃至入非有想非无想处，住禅波罗蜜，中心不乱，行二施以施众生：法施、财施。自行二施，教他行二施，赞叹二施法，欢喜赞叹行二施者。持是功德与众生共之，回向阿耨多罗三藐三菩提，不向声闻、辟支佛地，是为菩萨住禅波罗蜜取檀波罗蜜……菩萨住般若波罗蜜，内空，内空不可得，外空，外空不可得，内外空，内外空不可得，空空，空空不可得，乃至一切法空，一切法空不可得。菩萨住是十四空中，不得色相若空、若不空，不得受、想、行、识相若空、若不空，不得四念处若空、若不空，乃至不得阿耨多罗三藐三菩提若空、若不空，不得有为性、无为性若空、若不空。是菩萨摩诃萨如是住般若波罗蜜中有所布施，若饮食、衣服、种种资生之具，观是布施空。何等空？施者、受者及财物空，不令悭著心生。何以故？菩萨摩诃萨行般若波罗蜜，从初发意乃至坐道场，无有妄想分别。如诸佛得阿耨多罗三藐三菩提时无悭著心，菩萨摩诃萨亦如是，行般若波罗蜜时无悭著心，是菩萨所可尊者般若波罗蜜。是为菩萨住般若波罗蜜取檀波罗蜜。【论】菩萨住忍辱中布施众生，衣食等诸物尽给与，受者逆骂打害菩萨，破其施忍，菩萨作是念：'我不应为虚诳身故毁波罗蜜道，我应布施，不应生恶心，不以小恶因缘故而生废退。'是菩萨命未尽间，增益施心。若命终时，二波罗蜜力故，即生好处，续行布施……有菩萨多行般若波罗蜜，知诸法实相，安住不动法中，一切世间天及人，无能难诘令倾动者。若得财物布施二种众生，若施佛、若施众生，以众生空故，其心平等，不贵著诸佛，不轻贱众生。若施贫贱人，轻贱故福少；若施诸佛，贪著故福不具足。若以金银宝物及施草木，以法空故，亦等无异。断诸分别、一异等诸妄想，入不二法门布施，是名财施。法施亦如是，不贪贵有智能受法者，不轻无智不解法者。所以者何？佛法无量，不可说、不可思议故。若说布施等浅法，及说十二因缘、空、无相、无作等诸甚深法，等无异。何以故？是法皆入寂灭、不戏论法中故。如是等，名般若生布施。复次，是菩萨于十方三世诸佛及弟子所修三种功德随喜，皆与一切众生共之，回向阿耨多罗三藐三菩提。智慧力故，无所不施，能与众生福德分。复有菩萨若布施时生种种好心，拔出悭贪根本而行布施，慈心施故，灭诸瞋恚；见受者得乐欢喜故，灭嫉妒心；恭敬心施受者故，破憍慢；了了信知布施果报故，破疑及无明；不得与者、受者定实故，破有、无等余邪见；观受者如佛，观物如阿耨多罗三藐三菩提相，观己身从本已来毕竟空，若如是布施不虚诳故，直至阿耨多罗三藐三菩提。如是等相，名般若波罗蜜生檀波罗蜜。"（卷第八十、八十一）

以五度助成布施度，久修的大心大智的菩萨才容易做得好，而初修的人可以随顺近似地做：

一是给予受施者应有的尊重。受施者所缺乏的不仅仅是物质上的需要，往往还需要心理上的安抚与精神上的振作。因此布施者所布施的不仅仅是物资，更是一份爱心、一份感恩的心和一份尊重的心。因为将受施者看作是自己的亲人而生爱，因为对方成就了自己的善行而感恩，因为人人自性都如同佛一样高贵而尊重。有了爱心，便远离了冷漠的心；有了感恩的心，便远离了求回报的心；有了尊重的心，便远离了骄慢的心。若能这样行持，便是持戒。佛陀制定戒律，不单单为了约束，更是为了释放：约束的是烦恼与恶业，释放的却是清净与慈悲。

二是以坚忍的心面对一切困境。很多人并不是不愿意布施别人、帮助别人，只是布施的结果常常让人望而生畏。这些结果可能是别人的不解、误解，甚至是责难。既然如此，又何必自找麻烦、自讨苦吃呢？于是便放弃了努力，而且还常常得出"好人不得好报"诸如此类的结论。实际上，人们并没有认识到行善是要付出代价的，更没有意识到这些付出的代价有着绝对重要的意义。对于行大乘菩萨道的菩萨，早已将自己的身心性命施予众生。既施予众生，则为了保全众生的色身性命，为了滋长众生的法身慧命，即使献出自己的生命也在所不惜。佛陀在证道以后的四十几年里，四处游历，教化众生，未息一刻，乃至命终；唐僧玄奘西行取经，历经劫难，万死一生；鉴真大师东渡日本弘传戒律，虽屡遭失败，乃至最后双目失明，仍旧矢志不渝……这些高僧大德为了弘法利生，付出了巨大的代价，乃至为此贡献了宝贵的生命。然而，他们生命的意义和价值也因此得到了高度的升华，成了一个民族乃至整个人类精神永恒的象征。这些都是佛菩萨的行谊，是我们效学的典范。尽管眼前还做不到这般究竟，但至少要能忍受别人的不解、误解乃至责难，将此当作历练自己最好的逆增上缘。这实际上就是在成就自己的忍辱。忍辱，在内心积聚的不是痛苦与怨恨，而是更加的清凉与坚韧。之所以清凉，是因为逆境帮助消除了内在的烦恼和往昔的恶业；之所以坚韧，是因为困境帮助增加了内在的勇气与毅力。

三是以稳定持久的心广作布施。真正要做利益别人的事情，最简单而又可靠的动机莫过于就是发现别人需要它。需要的层次或有不同，但都可以形成一种强大的推动力。当年毛泽东主席曾评价吴玉章说："一个人做点好事并不难，难的是一辈子做好事，不做坏事，一贯的有益于广大群众……艰苦奋斗几十年如一日，这才是最难最难的啊！"[1] 当内心想的是广大群众的需要，就可以形成一种强大的力量，推动着人们去做一些事情，而且越做内心越踏实，越做内心越笃定。这也是一个人的作为能给予他的最重要的回馈：当下就能体验到生命的价值感。至于受施人的回报、社会的肯定，那些都是其次的事情，甚至无关紧要。但为了倡导一种正当的回馈感恩的社会风气，对于

---

[1] 《吴玉章同志六十寿辰祝词》，载 1940 年 1 月 24 日《新华日报》。

这些回报和肯定也应恰当处理。任何一种行为要想产生深远的影响力，取决于行为背后动机的纯净程度。若是完全出于无私而又博大的爱心，那么任何一个举动便具有永恒的意义。一个具有深厚信仰的人，可以近似地做到这一点。但信仰的建立却是一个漫长的过程，需要持久的坚持才有可能。这样的过程通常是：在一种正确的观念指导下，不断地去行动，从而培养成习惯；在良好的习惯推动下，不断地去累积，从而形成传统；流淌在历史长河中的传统便形成了文化；将文化的内涵进行升华，便近似成了一种信仰。如果一个人能生活在有信仰的氛围里，那将是一件很幸福的事情，因为这意味着他的生命将有机会得到历史沉淀的净化，也因此更容易成为一个纯粹的人、一个有崇高道德和精神追求的人。无疑，这样的人是幸福的，而且能最大程度地给周围的人带来幸福。而这一切的起点都来源于坚持，坚持"一辈子做好事，不做坏事"。这样做就是在成就自己的精进。精进并不一定是指争分夺秒地做很多事情，而是首先知道哪些是好的事情应该去做，哪些是不好的事情不应该去做。知道以后也不一定一下子做很多，更不能超出自己的能力范围勉强去做，而是力所能及地坚持去做，一次哪怕做一点点，做一点点就净化自己的内心一点点。

　　四是以内敛恬淡的心对待布施。若能按照以上几个方面勤作布施，当能累积丰厚福德资粮，正所谓己施于人而己愈有。也就是说，若能真心行善于大众，社会所给予的回馈一定不薄，甚至是超乎想像地丰厚。这样的回馈，或为财利，或为名位……尽管这并非当初的目的，然而当它们来临的时候，如何对待它们，也非常重要。若能正确对待，回馈就可以成为利生事业的增上缘；若不能正确对待，就可能成为它们的奴隶，从而背离了当初的发心。诸葛亮在《诫子书》中说："非淡泊无以明志，非宁静无以致远。"处顺境而不生骄慢，处逆境而不生怨恨，持守淡泊宁静的心态，方能显明高远的志向。这实际上就是在成就静虑。静虑并非消极厌世、无所作为，而是心处红尘而不为所染，身处闹市而不为所动，时时刻刻都能守护好那片清净、安定的心灵家园。

　　五是以深远的智慧洞察世间。既能广行布施，又能持守恬淡，则观照世间真相的智慧容易生起。智慧能起，则无明烦恼易消，一切痛苦根源易断。这也是一切作为的根本目的，是佛法不共一切世间法的根本所在。随着智慧的增长，对宇宙人生愈有真切的洞察，对众生苦难愈有深切的体会，推动帮助众生的心便愈加强烈。如是福德、智慧二资粮辗转增上，渐趋圆满，以至于成就完人，乃至佛果。

另外，就初修的人来说，要在日常生活中实践慈善、奉行布施，应依着业果缘起法则进行取舍抉择，以便让自他得到切实的利益和更大的安乐，并且持久稳步增上。

首先是布施对象的选择。在现实的财物、时间和精力都有限的情况下，总是以选择那些最需要帮助的人，或者那些对自己最有恩或最值得敬重的人为主。第一类为贫穷或遭难的困苦之人，让人见了自然生悲悯心，而愿意帮助他们，通常称为悲田；第二类为养育自己的父母以及教诲自己的师长，他们对自己恩德重大，每每让人想起便生感恩之情，而愿意奉养他们，通常称为恩田；第三类为佛、法、僧三宝，为了利益无边有情而成就了或努力成就无量的功德，每每让人念起便生仰慕敬重之心，而愿意供养他们，通常称为敬田。对这三类对象做布施或供养，如同在肥沃的田地里播种，都能累积丰厚的福德资粮，因此称为福田。人们常常会有一种疑问，认为这样选择是不是有点功利化了？这样的疑问不是没有道理，因为佛法告诉我们究竟的道理是众生平等，因此在做布施和供养时不应该有这样的分别心。的确，在佛菩萨的境界里，一切有情都如同自己的母亲或者像佛一样，因此他们在利益帮助众生的时候，就好像在利益帮助自己的母亲或恭敬佛陀一样真切。如果我们也有这样的境界，也就无所谓分别了，因为面对任何一个生命，就像面对自己的母亲，就像面对佛。能这样做布施或供养，当然能累积无边的福德资粮，这样一来一切众生都变成自己的福田了。学大乘佛法的人一般都会向往这样的境界，也自然希望能有最快的途径达到这样的境界，那就要先从布施那些真实能引发自己悲悯心的穷苦人开始做起，从那些能真实地引发自己感恩心和敬重心的父母师长和三宝开始做起，这不是很合情合理的吗？

其次是布施心态的安立。在其他布施条件一样的情况下，因为布施时心态安立不同，结果会有较大的差异。这就牵涉到业果的核心，即造业的意乐，它决定着造业的方向和所造业的轻重。施予别人，哪怕是对方所需要的，如果心态安立错误了，例如"嗟来之食"，就不能真正称为善业。因此，在做布施或供养时，内心动机的安立是很重要的。从这个角度来看，刚开始选三类福田作为布施或供养的对象，其中一个原因就是面对这些福田的时候，内心的动机会比较清净一些，做过之后也不容易反悔或瞋恨。当确立造业方向以后，动机本身安立的深广程度不同，决定了造业的轻重。在所有善良的动机中，以和空性相应的胜义菩提心最为可贵；在所有不善的动机中，以瞋恨大乘的菩萨为最大。但就我们普通的大众而言，不太可能一下发起胜义的菩提心，但我们却可以造作出一个菩提心出来：在帮助任何一个人的时候，实际上不仅仅是一个人，内心所想的是一切有情；在解决他痛苦的时候，也不只是解决他眼前的痛苦，而是发愿帮助他离开一切痛苦，得到一切快乐。为了将来不至于对大乘的菩萨瞋恨，我们现在就要从善待周围的人开始，练习不再发火、不再怨恨，取而代之的是那颗包容的心、恭敬的心和慈悲的心。

第三是布施内容的安立。正如前面提到的，布施分为财施、无畏施和法施。在其他条件相同的情况下，三种布施所造的业轻重程度不同，以法施最为超胜。为什么呢？财施、无畏施都是暂时的，只能利益一时，不能利益长久；只能利益一人，不能利益所有的人。法施则不然，不但眼前能利益，长远更能利益；不但可以利益一人，还可以通过辗转传诵，利益很多人，乃至现在和将来无量无边的人。但也不是说只要法施就可以了，这取决于受施人的具体情况。一般来说，往往是先施人以财物和无畏，然后再施以法，以便帮助受施者能够自立和觉悟，永远脱离种种不幸之困扰。

第四是布施人身心净化。这主要是指布施人本身的品质，这与布施时的心态安立有所不同。布施时的心态是一种短暂的行为状态，它的生起除了靠所对的殊胜境界的引发之外，还有赖于我们平时身心净化程度。那么平时的身心如何净化呢？这就要靠断恶修善来净化。真正有智慧的人对于自己曾经犯过的过失常加忏悔，而且励力防护不再重犯，并能勤修善法。没有智慧的人与此相反。佛陀教诫众生行善断恶，可以从远离十恶法、奉行十善法开始做起。所谓十恶法，涵盖身业三恶（杀生、偷盗、邪淫）、语业四恶（妄语、离间语、粗恶语、绮语）以及意业三恶（贪欲、瞋恚、邪见）。远离这十恶法，便能奉行与此相对应的十善法。若能长期行持，身心便能逐渐净化。在此基础上，如果更能持守佛陀制定的戒律，则如虎添翼、如鱼入水、如鸟飞空，使烦恼恶业更相远离，慈心善法更相聚拢，所积功德更为广大。所谓戒律，也是涵盖两个方面：当断者断，当行者行。那么这与远离十恶法、奉行十善法有什么差别呢？主要区别在于，普通状况下的断恶行善，是有限的行为，行一善即得一功，断一恶即远一过。然而一旦受持戒律，励力守护，则具有无限的意义，持一戒即能远无量恶，守一律即能得无量功。这是戒律本身的内涵所决定的，一旦受持戒律，造业的对象便是无量无边的众生，造业的意乐便是要究竟离开一切痛苦并得到一切快乐。因此，持守戒律之人的一言一行，并不简单的就是一言一行，而是具有无限宽广的意义和价值。

十、奉行慈善成净土，随缘无执趣大同

修学佛法，践行慈善，以此净化身心、利益人间，便有人间佛教的呈现。如太虚大师在《怎样建设人间佛教》一文中指出："人间佛教，是表明并非教人离开人类去做神、做鬼，或皆出家到寺院山林里去做和尚的佛教，乃是以佛教的道理来改良社会，使人类进步，把世界改善的佛教……因世人的需要而建立人间佛教，为人人可走的坦路，以成为现世界转变中的光明大道，领导世间的人类改善、向上进步。"（《太虚大师全书》第二十五卷）在《建设人间净土论》一文中太虚大师更进一步提出建设人间净土的理想："人人皆有此心力，即人人皆已有创造净土本能，人人能发造成此土为净土之胜愿，努力去作，即由此人间可造成为净土……质言之，今此人间虽非良好庄严，然可凭各人一片清净之心，去修集许多净善的因缘，逐步进行，久之久之，此浊恶之人间便可一变而为庄严之净土……故名为人间净土。"（《太虚大师全书》第二十五卷）

由此看来，人间佛教，不单是指佛教人间化，更蕴含着

人间佛教化的理想。人间净土不是佛教所独有的理想，更代表着人类的一种共同追求。这种追求的理想，在不同的圣人先哲那里有不同的称呼，或曰大同世界，或曰理想国，或曰人间净土……至于怎么称呼，都无关紧要，在这里计较它们的差别，也没有现实的意义。重要的是，人类面临相同相关的困境，有着共通共同的渴求。如果希望得到持久的和平安定与和谐的发展繁荣，那么所有文明、所有文化、所有人群就必须联合起来，求同存异，共同营造人类的幸福家园。

参考文献：

叶青春. 当代中国政府的伦理责任. 社会科学研究（4），2005 年

孙家驹. 人、自然、社会关系的世纪性思考. 北京大学学报（1），2005 年

Oren Dorell.Bush Puts Denths Of Iraqis At 30，000. USA Today.December 13，2005 年

胡鞍钢，周绍杰. 新的全球贫富差距：日益扩大的"数字鸿沟". 中国社会科学（3），2002 年

孟晓驷. "和谐世界"理念的文化意蕴. 新华文摘（3），2006 年

Kwasi Wiredu. Fostering Intercultural Understanding Through Dialogue. The UNESCO Curier（9）, 2007 年

Doudou Diène. RACISM IS A MUTANT. The UNESCO Curier（10）, 2008 年

Woo-Tak Kee. Towards a Philosophy of Universality. The UNESCO Curier（9）, 2007 年

释印光. 历史感应统纪序. 印光大师文钞续编（第 2 卷）. 印光大师全集（第 2 册）. 台北：佛教出版社，1991 年

（英）阿诺德·汤因比（Arnold Toynbee）,（日）池田大作（Daisaku Ikeda）. 展望二十一世纪. 荀春生等译. 北京：国际文化出版公司，1985 年. 原著. 二十一世纪への対話. 东京，日本：圣教新闻社，1984 年

（英）阿诺德·汤因比（Arnold Joseph Toynbee）. 人类与大地母亲. 徐波，徐钧尧，龚晓庄等译. 上海：上海人民出版社，2001 年

（法）阿尔贝特·史怀哲（Albert Schweitzer）著. 对生命

的敬畏．（德）哈拉尔德·斯特凡编，陈泽环译．上海：上海人民出版，2006 年

（德）康德（Immanuel Kant）．实践理性批判．韩水法译．北京：商务印书馆，1999 年．麦克斯·缪勒（Max Müller）．宗教学导论．上海：上海人民出版社，1989 年

（德）奥斯瓦尔德·斯宾格勒（Oswald Spengler）．西方的没落（第 2 卷·世界历史的透视）．上海：上海三联书店，2006 年

（德）阿尔弗雷德·韦伯（Alfred Weber）著．文化社会学视域中的文化史．姚燕译．上海：上海世纪出版集团，2006 年

（英）崔瑞德（Denis Twitchett）编，（美）费正清（John King Fairbank）总主编．剑桥中国史·隋唐史．北京：中国社会科学出版社，1990 年

（美）斯塔夫里阿诺斯（L. S. Stavrianos）著．全球通史：从史前史到 21 世纪（上册）．吴象婴等译．北京：北京大学出版社，2006 年

（美）康拉德·希诺考尔（Conrad Schirokauer），（美）米兰达·布朗（Miranda Brown）著. 中国文明史. 袁德良译. 北京：群言出版社，2008 年

（美）塞缪尔·亨廷顿（Samuel P.Huntington）著. 文明的冲突与世界秩序的重建. 周琪等译，新华出版社，1998 年

（德）卡尔·雅斯贝尔斯（Karl Jaspers）著. 大哲学家. 李雪涛主译. 北京：社会科学文献出版社，2010 年

（德）卡西尔（Ernst Cassirer）著. 人论. 甘阳译. 上海：上海译文出版社，1985 年

（德）舍勒（Max Scheler）著. 人在宇宙中的地位. 李伯杰译. 贵州人民出版社，1989 年

（美）埃·弗罗姆（Erich Fromm）著. 为自己的人. 孙依依译. 北京：三联书店，1988 年

（英）阿诺德·汤因比（Arnold Toynbee）. 历史研究. 刘北成，郭小凌译. 上海：上海人民出版社，2005 年

（美）肯·威尔伯（Ken Wilber）著. 一味. 胡因梦译. 深圳:
深圳报业集团出版社，2010 年

（德）艾克哈特·托尔（Eckhart Tolle）著. 新世界：灵
性的觉醒. 张德芬译. 海口：南方出版社，2008 年

李四龙著. 欧美佛教学术史. 北京：北京大学出版社，
2009 年

（美）埃·弗罗姆（Erich Fromm）等著. 禅宗与精神分
析. 王雷泉，冯川译. 贵阳：贵州人民出版社，1998 年

Tomoko Masuzawa：The Invention of World Religions，
2005，136. 转引自李四龙. 欧美佛教学术史. 北京：北京大
学出版社，2009 年

（德）汉斯·昆（Hans Kung）著. 世界宗教寻踪. 杨煦
生等译. 北京：生活·读书·新知三联书店，2007 年

B.R. Ambedkar.Buddha and the Future of His Religion.
Bheem Patrika Publications，1950 年

（美）菲利普·费尔南德兹—阿迈斯托（Felipe Fernandez-Armesto）著. 世界：一部历史. 叶建军等译. 北京：北京大学出版社，2010 年

（荷）斯宾诺莎（Baruch Spinoza）. 伦理学. 贺麟译. 北京：商务印书馆，1997 年

（英）戴维·休谟（David Hume）. 人性论. 关文运译. 北京：商务印书馆，1996 年

（荷）伯纳德·曼德维尔（Bernard Mandeville）. 蜜蜂的寓言：私人的恶德. 公众的利益. 肖聿译. 北京：中国社会科学出版社，2002 年

（德）弗德里希·威廉·尼采（Friedrich Whilhelm Nietzsche）著. 悲剧的诞生—尼采美学文选. 周国平译. 上海：上海人民出版社，2009 年

美国不列颠百科全书出版公司编. 西方大观念. 陈嘉映等译. 北京：华夏出版社，2008 年

梁启超. 饮冰室文集点校. 吴松等点校. 昆明：云南教育

出版社，2001 年

谭嗣同原著. 仁学. 姚彬彬注释. 北京：高等教育出版社，
2010 年

冯友兰. 三松堂全集（第 2 卷）. 郑州：河南人民出版社，
2001 年

王国维. 王国维文集（第 3 卷）. 北京：中国文史出版社，
1997 年

董仲舒. 春秋繁露. 上海：商务印书馆，1927 年

马克思（Karl Marx），恩格斯（Friedrich Engels）著. 共
产党宣言. 中共中央马克思恩格斯列宁斯大林著作编译局译.
北京：人民出版社，1997 年

马克思（Karl Marx），恩格斯（Friedrich Engels）著. 马
克思恩格斯全集（第 1 卷）. 中央马克思恩格斯列宁斯大林著
作编译局编译. 北京：人民出版社，1995 年

（美）安德鲁·卡耐基（Andrew Carnegie）. 财富的福

音. 李旭大译. 北京：中国言实出版社，2005 年

厉以宁. 股份制与现代市场经济. 南京：江苏人民出版社，1994 年

（美）阿尔伯特·爱因斯坦（Albert Einstein）. 爱因斯坦文集（第 3 卷）. 许良英，赵中立，张宣三编译. 北京：商务印书馆，1979 年

朱光潜. 以出世的精神，做入世的事业. 出自：李叔同. 心与禅·代序二. 西安：陕西师范大学出版社，2011 年

释太虚. 太虚大师全书（第 25 卷）. 北京：宗教文化出版社，全国图书馆文献缩微复制中心，2005 年